O Grande Livro de Jogos para Treinamento de Atendimento ao Cliente

Atividades rápidas e divertidas para treinamento de representantes de atendimento ao cliente, representantes de vendas e outras pessoas que lidem com clientes.

Tradução:
Teresa Dias Carneiro da Cunha

Peggy Carlaw
Vasudha Kathleen Deming

O Grande Livro de Jogos para Treinamento de Atendimento ao Cliente

Atividades rápidas e divertidas para treinamento de representantes de atendimento ao cliente, representantes de vendas e outras pessoas que lidem com clientes.

Copyright© 2012 by The McGraw-Hill

Tradução autorizada do original em inglês
The Big Book of Customer Service Training Games, publicado pela McGraw-Hill.

Copyright© 2012 by Qualitymark Editora Ltda.

Todos os direitos desta edição reservados à Qualitymark Editora Ltda.
É proibida a duplicação ou reprodução deste volume, ou parte do mesmo,
sob qualquer meio, sem autorização expressa da Editora.

Direção Editorial	Produção Editorial
SAIDUL RAHMAN MAHOMED editor@qualitymark.com.br	EQUIPE QUALITYMARK

Capa	Editoração Eletrônica
WILSON COTRIM	UNIONTASK

1ª Edição 2001	1ª Reimpressão: 2003 2ª Reimpressão: 2006 3ª Reimpressão: 2012

CIP-Brasil. Catalogação-na-fonte
Sindicato Nacional dos Editores de Livros, RJ

C278g

    Carlaw, Peggy

    O grande livro de jogos para treinamento de atendimento ao cliente / Peggy Carlaw, Vasudha Kathleen Deming ; tradução Teresa Dias Carneiro da Cunha. – Rio de Janeiro : Qualitymark Editora, 2012.
    224p.
    Tradução de: The Big Book of Customer Service Training Games
    ISBN 978-85-7303-298-7

    1. Clientes – Contatos. 2. Serviço ao cliente. 3. Pessoal – Treinamento. I. Deming, Vasudha Kathleen. II. Título.

01-0762   CDD: 658.812
                                                                                                      CDU: 658.818

2012
IMPRESSO NO BRASIL

Qualitymark Editora Ltda. Rua Teixeira Júnior, 441 – São Cristóvão 20921-405 – Rio de Janeiro – RJ Tel.: (21) 3295-9800 ou 3094-8400	QualityPhone: 0800-0263311 www.qualitymark.com.br E-mail: quality@qualitymark.com.br Fax: (21) 3295-9824

Sumário

Introdução 1

Capítulo I – Quem você é 7
Jogos para desenvolver uma atitude centrada no cliente

Atendimento ao cliente significa 9
Os participantes trabalham em grupo para reunir várias definições
de atendimento.

Missão possível 13
Os participantes trabalham juntos para formular uma declaração de
missão para o seu departamento.

Recursos e oportunidades 17
Os participantes analisam as habilidades essenciais para atender
bem ao cliente, avaliam sua própria competência em cada habilidade
e desenvolvem um plano de ação para melhorar seu desempenho.

Escreva uma carta para si mesmo 23
Os participantes escrevem uma carta para si mesmos, como se
fossem um cliente fictício, salientando três aspectos do seu
comportamento ou da sua postura que causou boa impressão
no cliente.

Os melhores e os piores momentos 27
Os participantes descrevem suas melhores e suas piores
experiências como clientes e apontam as características chave
de um bom atendimento.

Capítulo 2 – O quê se diz e como se diz 29
Habilidades verbais e vocais para obter sucesso
no atendimento ao cliente

O jargão urbano 31
Os participantes se concentram na identificação de palavras e
termos qualificados como jargão ou gíria.

Pare com isso! 35
Os participantes ouvem gravações de si mesmos a fim
de identificar cacoetes de linguagem que inconscientemente
introduzem em sua fala.

Charadas vocais 39
Os participantes verbalizam frases escritas usando cinco qualidades
vocais a fim de enriquecer o sentido do texto.

No estúdio 43
Os participantes gravam suas vozes e avaliam o tom, a inflexão, a entoação, a velocidade e o volume de sua fala.

Deixe-me dizer o que posso fazer 47
Os participantes aprendem o que dizer e fazer ao negar pedidos dos clientes.

Capítulo 3 – Faça a ligação 51
Jogos para treinamento para ser bem-sucedido na comunicação telefônica

Ganhando tempo.. 53
Os participantes aprendem o que dizer para segurar ou transferir uma ligação.

Excelência nas ligações para fora 55
Os participantes analisam duas situações e identificam os elementos bons e ruins nas ligações para fora do ambiente de atendimento.

Brincando de ator... 61
Grupos de participantes se revezam para representar situações de atendimento por telefone enquanto outros dizem o que deu errado.

Alienígena de tênis 65
Os participantes aprendem a dar instruções claras para ensinar oralmente um "alienígena" a pôr meia e tênis. É proibido demonstrar.

Você está vivo? 69
Os participantes põem em prática o uso de frases de transição para evitar períodos de silêncio longos e constrangedores ao falar com os clientes por telefone ou pessoalmente.

Capítulo 4 – Estão olhando para você.................................. 73
Jogos para chegar à excelência no atendimento face a face

São tantas as maneiras.. 75
Os participantes trabalham em grupo para analisar as muitas diferenças existentes entre o atendimento ao cliente por telefone ou face a face e depois pensam em maneiras de usar essas diferenças de forma vantajosa para os clientes.

Primeiras impressões 79
Os participantes examinam suas próprias impressões e predisposições baseadas na aparência das pessoas em fotos e depois discutem que impressões os clientes podem ter deles com base na sua aparência.

Você está ótimo!... 81
Os participantes analisam fotos para determinar a importância da postura e da aparência como algo que acrescenta significado à comunicação.

Mímica 85
Alguns participantes demonstram expressões faciais enquanto os outros adivinham que emoção está sendo representada.

Os cinco pilares do sucesso... 89
Os participantes identificam as cinco habilidades básicas da comunicação essenciais para obter sucesso no atendimento ao cliente face a face.

Capítulo 5 – Faça o seu dia ser maravilhoso 93
Jogos para estabelecer conexão com cada cliente

Conexão oculta 95
Os participantes trabalham juntos com um caça-palavra a fim de descobrir várias técnicas para conexão com os clientes.

Sinto por você 99
Os participantes trabalham em duplas para reescrever mensagens secas e mecânicas a fim de demonstrar mais empatia pelos clientes.

Acentue o lado positivo 105
Os participantes aprendem a fazer com que os clientes saibam como irão se beneficiar a partir da maneira com que os pedidos e necessidades são tratados.

E como está o tempo? 109
Os participantes aprendem a perceber pistas a respeito dos clientes que podem ajudá-los a estabelecer uma forte conexão com eles, por meio da análise de fotos de "clientes" e de frases que podem usar para entabular uma conversa agradável e leve.

Isso é que é conexão! 111
Os participantes lêem um estudo de caso de uma interação com um cliente e identificam o que o representante da empresa fez para estabelecer uma forte conexão com o cliente.

Capítulo 6 – Pare, olhe e ouça 115
Jogos para se concentrar nas necessidades do cliente

Arquitetos amadores 117
Os participantes aprendem a usar habilidades de formulação de perguntas de forma estratégica a fim de obter as informações que desejam.

Escute bem! 123
Os participantes avaliam suas habilidades de escuta fazendo exercícios de auto-avaliação.

Barreiras à escuta 127
Os participantes trabalham juntos para desenvolver maneiras de superar as barreiras mais comuns à escuta.

Passando adiante 131
Os participantes aprendem a importância de confirmar se

compreenderam os pedidos feitos pelo telefone fazendo o jogo de "passar adiante" duas vezes, sendo que na segunda vez confirmam o que entenderam.

O quê, hein? 137
Os participantes ouvem pedidos pouco claros de clientes e se exercitam confirmando se entenderam.

Capítulo 7 – O céu é o limite 141
Maneiras criativas de personalizar seu atendimento

Se eu puder ajudar 143
Os participantes em duplas competem num concurso de brincadeira a fim de pensarem em idéias para promover seus produtos e agradar os clientes.

O debate do ótimo atendimento 147
Duas equipes debatem entre si para achar a melhor solução para uma situação difícil com um cliente.

Fala-se em atendimento aqui 151
Os participantes pensam em idéias criativas para atender seus clientes.

Quero ser eu mesmo 153
Os participantes examinam suas próprias preferências nas interações comerciais e comparam-nas com as preferências de seus clientes.

Leve para o lado pessoal 157
Os participantes usam as letras de seus nomes a fim de fazer surgir idéias para um atendimento criativo a seus clientes.

Capítulo 8 – Quando a coisa fica difícil 159
Jogos para lidar com clientes difíceis

Declaração de Direitos 161
Os participantes trabalham juntos para criar uma Declaração de Direitos que resuma as necessidades especiais de clientes aborrecidos ou insatisfeitos.

Atender é nem sempre ter que pedir perdão 163
Os participantes aprendem quando devem se desculpar e quando simplesmente devem reconhecer os sentimentos dos clientes.

Pêra, uva, maçã 167
Os participantes trabalham juntos para identificar e priorizar os desafios que enfrentam em seu trabalho.

Descendo a escada 169
Os participantes se exercitam em conter as reclamações antes que elas aumentem de proporção

Cartões Arrasa-Estresse 173
Os participantes desenvolvem métodos para lidar com o estresse no trabalho.

Capítulo 9 – Espere! Ainda não acabou 171
Técnicas para aumentar o valor da venda e fazer vendas cruzadas, a fim de obter a satisfação total do cliente

É só isso? 177
Os participantes pensam em maneiras criativas para descobrir necessidades adicionais e evitar a frase trivial, "É só isso?"

Não é uma mera fruta 179
Os participantes aprendem a fazer vendas cruzadas e vendas substitutivas resumindo as características e benefícios de "produtos" comuns tais como uma banana.

Produtos associados 183
São designados produtos específicos aos participantes que devem se combinar uns com os outros para estabelecer "associações" de produtos que poderiam ser oferecidas aos clientes.

E por falar nisso 187
Os participantes trabalham em grupo a fim de criar frases que promovam o aumento do valor da venda em diferentes situações.

Que tal fritas para acompanhar o hambúrguer? 191
Os participantes trabalham em grupo a fim de criar frases que promovam a venda cruzada em diferentes situações.

Capítulo 10 – E a gente? 197
Jogos para melhorar o atendimento aos clientes internos

Você é meu cliente? 199
Os participantes identificam seus clientes internos.

Pegando o touro a unha 203
Os participantes desenvolvem um plano de ação para melhoria do atendimento ao cliente interno.

Que delícia de consultores! 207
Os participantes trabalham juntos para se ajudarem a ter idéias capazes de surpreender, impressionar e/ou agradar seus clientes internos.

Rápido como um raio 209
Os participantes competem entre si para responder a cartões escritos com "recursos" do atendimento ao cliente interno.

Ter lábia é uma dádiva 211
Os participantes aprendem a deixar mensagens de correio de voz eficazes e profissionais ao transmitir informações a seus colegas.

Agradecimentos

Quero agradecer a Dick Roe por me trazer para a área de treinamento e por ter sido um grande chefe e excelente mentor. Quero agradecer, também, a Richard Narramore — velho amigo e agora editor — por sua visão, competência e apoio durante a elaboração deste livro.

Vasudha Kathleen Deming.

Quero agradecer a nossos clientes por acreditarem em nossos programas de treinamento e por aceitarem trabalhar conosco e desenvolver novas formas de alcançar a excelência no tipo de serviço que prestam.

Peggy Carlaw.

Introdução

O relacionamento mais importante que sua empresa mantém é o que se estabelece entre os clientes e os funcionários que interagem com eles, pessoalmente ou pelo telefone. Não importa se você é instrutor, gerente ou supervisor, tudo que puder fazer para fortalecer esse relacionamento beneficiará de várias maneiras, em última análise, a sua empresa.

Acreditamos que atender o cliente pode ser — e deve ser — uma atividade intrinsecamente recompensadora. Existe algo na atividade de atender as pessoas que é muito gratificante para a psique humana — mesmo que o atendimento consista em receber um pedido, dar uma informação ou vender um par de sapatos. Foi pensando nisso que criamos este livro de jogos.

Os jogos são atividades divertidas e motivadoras, centradas no aprendizado e uso das habilidades. Promovem a confiança, levantam o moral, espalham entusiasmo, estimulam a criatividade e, em última instância, obtêm resultados em tempo real no setor de atendimento ao cliente. Percebemos que, de modo geral, os funcionários anseiam pelas sessões de jogos e ficam completamente absorvidos enquanto estão jogando. Talvez você se surpreenda ao ver como as pessoas do seu departamento ficam animadas quando chega a hora do jogo!

Os jogos foram elaborados para ser aplicados por qualquer pessoa que gerencie, supervisione ou dê treinamento ao pessoal do setor atendimento ao cliente, ou por alguém que tenha um cliente: representantes de atendimento ao cliente, representantes de vendas, pessoal do telemarketing, representantes de suporte técnico, técnicos especializados, caixas, pessoal da recepção etc.

Alguns jogos são rápidos e cheios de diversão e servem para aumentar a consciência dos participantes a respeito de questões importantes na atividade de atendimento ao cliente. Outros, são atividades mais complexas que ensinam uma técnica e oferecem a eles a oportunidade de praticá-la em um ambiente informal, nada ameaçador. São várias as formas de se utilizarem os jogos: como atividade central de treinamento, aquecimento para uma sessão de treinamento mais intensa ou numa combinação das duas modalidades, a fim de criar um evento completo de treinamento para atendimento ao cliente.

Uma outra alternativa é usar esses jogos, que duram de 10 a 20 minutos, em reuniões de equipe, em discussões em grupo, durante os almoços rápidos feitos no próprio escritório e em qualquer outra ocasião adequada. Nem é preciso advertir os participantes: "Está na hora do treinamento!"

Os jogos, não só, ensinarão seus funcionários a desempenharem, melhor suas funções, mas, também, os inspirarão a prestar um serviço que traga um novo sentido e mais motivação ao seu trabalho. Em troca, a excelência desse atendimento ao cliente ajudará a diferenciar a sua empresa das outras.

"Opte por servir.
O mundo imediatamente
começará a amá-lo."
Sri Chinmoy

Como Usar Este Livro

Este livro contém 50 jogos — demorados e rápidos, simples e complexos —, que abrangem dez categorias diferentes de atendimento ao cliente. Nós nos esforçamos para dar instruções diretas e fáceis para sua aplicação. A seguir, relacionamos alguns conselhos para ajudá-lo a aproveitar intensamente este livro e fazer com que seus funcionários dêem o máximo de si.

Dicas para o Sucesso

- Prepare-se para sua sessão de treinamento. Reserve tempo para rever completamente cada jogo com antecedência. Quanto mais você entender o objetivo, o desenrolar e o tom de cada jogo, maior será o sucesso do seu treinamento.

- Tenha em mente que se trata de *jogos*. Se der uma abordagem divertida e animada, notará que os participantes também se sentirão mais à vontade e motivados para jogar.

- Quando for possível, traga alguns exemplos de problemas ou situações da vida real que observou na empresa. Isso ajudará os participantes a transferir o aprendizado para seu próprio ambiente de trabalho.

- Faça o papel de facilitador, em vez de professor. A aprendizagem mais eficaz se dá quando você *guia* os participantes e *eles* fazem as descobertas.

- Adapte os jogos ao clima e à cultura em que seus funcionários trabalham. Se eles respondem bem a recompensas, ofereça-lhes balas, certificados ou qualquer outro pequeno prêmio ao final de cada jogo. Se acredita que têm espírito esportivo para competir (e não para batalhas acaloradas), então vá em frente e transforme os jogos em competições. Cada grupo pode escolher um nome para si e demonstrar o espírito de equipe batendo palmas, torcendo etc.

- Com exceção de algumas proposições, tudo o que precisa para facilitar os jogos com sucesso lhe foi apresentado. Entretanto, você pode e deve ser criativo e expandir os jogos de qualquer forma significativa para os participantes.

- Todos os jogos levam a debates e críticas posteriores. Faça o acompanhamento do que os participantes aprenderam, perguntando sobre o jogo, dando ajuda às atividades ou estabelecendo um plano de jogo para a prática em curso e para a crítica.

1
Quem Você É

Jogos para desenvolver uma atitude centrada no cliente

Atendimento ao Cliente Significa...

Em Poucas Palavras

Os participantes trabalham em grupo para reunir várias definições de atendimento (fornecidas em folhas previamente picotadas). O objetivo é ajudá-los a compreenderem o significado do que seja atender o cliente. Este jogo é particularmente útil para novos funcionários ou como um guia para desenvolver uma definição de atendimento ao cliente em seu próprio departamento.

Tempo

De 10 a 15 minutos.

Do Que Você Vai Precisar

Uma cópia da folha de definição de atendimento da página 12 e um envelope para cada grupo de três participantes.

O Que Fazer

Divida os participantes em grupos de três ou quatro. Dê para cada um deles um envelope contendo o roteiro. Escreva: "Atendimento ao cliente significa..." no "flip-chart" ou no quadro.

Explique que dentro do envelope estão expressões que, quando juntadas, fornecem sete definições de atendimento. A tarefa é trabalhar em grupo para unir as expressões de forma a completar a frase: "Atendimento ao cliente significa...". Cada frase deve ter um sentido completo e lógico. É preciso usar todos os pedaços e cada um deles uma só vez.

Misture participantes cuja língua materna seja o inglês com os que o falam como segundo idioma, para evitar que sejam cometidos erros de sintaxe. Se os grupos tiverem dificuldade para começar, aconselhe-os a iniciar cada frase com um verbo, tal como "fazer".

Após cinco minutos, peça aos grupos para lerem em voz alta suas definições.

Respostas

Atendimento ao cliente significa:
- Fazer coisas comuns extraordinariamente bem.
- Ir além do esperado.
- Acrescentar valor e integridade a cada interação.
- Estar na sua melhor forma com cada cliente.
- Descobrir novas formas de agradar a quem atende.
- Surpreender-se a si mesmo com o tanto que é capaz de fazer.
- Cuidar do cliente como se estivesse cuidando de sua avó.

Questões para Debate

P: Todas essas definições são verdadeiras?

R: *Esteja preparado para receber respostas diferentes.*

P: De qual definição você mais gosta?

R: *Respostas de campo.*

P: Por que não existe uma definição comum?

R: *Porque atendimento ao cliente tem um significado diferente para pessoas diferentes. Note, entretanto, que todas essas definições falam sobre emprego de energia e entusiasmo nas interações com os clientes.*

Se Tiver Mais Tempo

Pergunte aos participantes sua definição de atendimento ao cliente. Relacione no "flip-chart" palavras e expressões. Desenvolva uma definição de atendimento ao cliente para o seu departamento.

Atendimento ao Cliente Significa....

Instruções:

Faça uma fotocópia de uma folha para cada três participantes (o conjunto de peças funciona melhor se estiver à mão). Seguindo a linha pontilhada, recorte as palavras e as expressões. Coloque cada conjunto de palavras e expressões recortadas em um envelope. Cada envelope deverá conter todas as palavras desta página (24 peças no total) e deve haver um envelope para cada grupo de três participantes.

Dica! Se você for aplicar esse jogo novamente, imprima

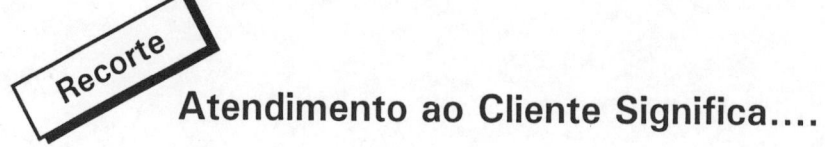

- fazer | coisas comuns | extraordinariamente bem
- ir | além | do esperado
- acrescentar | valor e integridade | a cada interação
- estar | na sua melhor forma | com cada cliente
- descobrir | novas formas | de agradar | a quem atende
- surpreender-se | a si mesmo | com o tanto | que é capaz de fazer
- cuidar | do | cliente | como se estivesse
- cuidando de sua avó

cada conjunto de peças em cores diferentes. Depois que o tiver terminado, peça aos participantes que contem o número de peças, a fim de se certificar se há 24; então coloque-as de volta no envelope. Você já estará preparado para aplicar o jogo outra vez!

Missão Possível

Em Poucas Palavras

Nesta atividade, os participantes trabalham juntos para formular uma declaração de missão para seu departamento. Esta é uma atividade ideal para injetar mais ânimo no setor e dar um novo sentido ao trabalho.

Tempo

De 20 a 25 minutos.

Do Que Você Vai Precisar

Cópias da declaração de missão da sua empresa, se houver, ou então cópias da declaração de missão de outras empresas que você considera inspiradoras. Um "flip-chart" com papel em branco e canetas hidrocor (uma para cada grupo de três a cinco participantes).

O Que Fazer

Discuta o conceito de declaração de missão. Entregue a de sua empresa (se não houver, as de outras empresas).

Distribua os participantes em grupos de três a cinco pessoas e dê para cada grupo uma folha de papel em branco do "flip-chart" e um marcador. Explique a eles que devem trabalhar em grupo para formular uma curta declaração de missão para seu próprio departamento.

Analise o resumo da página 15 e peça aos participantes para debaterem suas respostas às perguntas, antes de começarem a escrever sua declaração de missão.

Reserve 15 minutos para essa parte da atividade. Se houver mais de um grupo, peça que cada grupo selecione um relator para apresentar a declaração de missão para toda a turma.

Ouça as declarações de missão e faça um debate, se necessário. Certifique-se de que as declarações de missão não contradizem a declaração de missão da sua empresa.

Se houver mais de um grupo, peça a cada um deles que escolha um integrante para representar o grupo em uma comissão que finalizará a declaração de missão conjunta. Sugira que a comissão se encontre no almoço ou, então, reserve para eles um tempo livre durante o horário de trabalho a fim de que possam finalizar a declaração no decorrer da semana seguinte. Quando a declaração de missão estiver terminada, obtenha a versão final e imprima uma cópia bem legível para ser afixada no local de trabalho. Pense também na possibilidade de imprimir cópias reduzidas para cada participante colocar em seu próprio local de trabalho. Se possível, reúna os participantes, mais uma vez, para apresentarem a declaração de missão final.

Se Tiver Mais Tempo

Peça a cada participante para escrever uma declaração de missão pessoal que complemente a declaração escrita pelo departamento. Peça-lhes para depois imprimi-las e colocá-las em cima de sua mesa de trabalho.

Definindo sua Missão

- Por que os clientes se lembram de nós?
- Como os clientes se sentem depois de terem-se tratado conosco?
- O que os clientes contam para seus amigos a nosso respeito?
- De que formas nos ajudamos uns aos outros dentro do nosso departamento?
- De que forma o departamento apóia o objetivo geral da empresa?

Recursos e Oportunidades

Em Poucas Palavras

Nesta atividade, os participantes analisam as habilidades essenciais para atender bem o cliente, avaliam sua própria competência em cada habilidade e desenvolvem um plano de ação para melhorar seu desempenho. Esta atividade ajuda os novos funcionários a entenderem os recursos que os funcionários da linha de frente do atendimento ao cliente possuem e dá a todos uma chance de analisar seus recursos e oportunidades para melhorar no trabalho.

Tempo

De 10 a 15 minutos.

Do Que Você Vai Precisar

Uma cópia dos roteiros das páginas 18 a 21 para cada participante.

O Que Fazer

Distribua os roteiros das páginas 18-19 e 20. Dê aos participantes de 5 a 10 minutos para concluírem a atividade.

Depois, distribua o roteiro da página 21 e peça a cada participante que desenvolva um plano de ação para aperfeiçoar duas habilidades.

Dica! Talvez você queira afixar esses planos de ação no seu departamento para revê-los semanalmente. Recompense os funcionários quando fizerem progressos notáveis.

Se Tiver Mais Tempo

Faça outra cópia da Folha do Plano de Ação da página 21. Distribua os participantes em duplas. Cada um deles escreverá as habilidades que deseja aperfeiçoar na Folha do Plano de Ação, na linha intitulada "Sua habilidade". Os participantes, depois, trocarão de folha com seus parceiros.

Cada participante criará um plano de ação para ajudar seu parceiro a se tornar uma Superestrela nas áreas relacionadas na folha. Reserve 5 minutos para essa atividade.

Depois de cinco minutos, peça aos participantes que troquem de planos de ação e dê-lhes alguns minutos para a análise.

Questões para Debate

P: Ajuda ter outra pessoa pensando por você?

R: *Respostas de campo.*

P: Seu parceiro teve idéias que você não teria?

R: *Respostas de campo.*

Peça aos participantes para, periodicamente, reverem seus planos de ação, a fim de aperfeiçoar suas habilidades.

Recursos e Oportunidades

Quer você planeje fazer carreira na área de atendimento ao cliente, quer enxergue seu emprego atual como uma ponte para algo mais, as habilidades inerentes a quem presta um bom atendimento ao cliente serão recursos valiosos em qualquer campo de trabalho que escolha. Além do mais, uma postura correta é a chave para o sucesso em qualquer lugar, em qualquer época. Os representantes de atendimento ao cliente que se destacam em seu trabalho são:

- Amigáveis
- Rápidos
- Eficientes
- Ávidos por agradar
- Conhecedores do que fazem
- Otimistas
- Diligentes
- Capazes de entender os pedidos dos clientes
- Atentos
- Criativamente úteis
- Empáticos
- Ponderados
- Entusiasmados
- Justos e honestos
- Orientados para encontrar soluções

Esses representantes de atendimento ao cliente sempre:

- Ouvem com atenção.
- Mantêm uma atitude positiva.
- Falam claramente.
- Evitam usar termos técnicos ou palavras rebuscadas.
- Dão ao cliente uma sensação de confiança neles, na informação que estão passando e na empresa.
- Fazem todos os clientes se sentirem importantes.
- Acalmam os ânimos.

Recursos e Oportunidades

Embora você tenha naturalmente mais habilidade em uma área do que em outras, seu trabalho lhe dá oportunidade de aprender a dominar todos esses atributos.

Leia de novo a lista de recursos e coloque cada item nos quadros abaixo, de acordo com seu desempenho. Seja honesto. Ninguém está olhando.

 **Volta às aulas** Se você precisar melhorar muito em um aspecto, anote-o neste quadro.	
 **Altos e Baixos** Se você tiver um desempenho mediano em um aspecto, anote-o aqui.	
 **Superestrela** Anote aqui as suas melhores habilidades, o que faz melhor em seu trabalho, neste quadro.	

Folha do Plano de Ação

Sua habilidade: _____

Seu plano de ação: _____

_____
_____
_____
_____
_____
_____
_____
_____
_____

Sua habilidade: _____

Seu plano de ação: _____

_____
_____
_____
_____
_____
_____
_____
_____
_____
_____
_____

Escreva uma Carta para Si Mesmo

Em poucas palavras

Os participantes escrevem uma carta para si mesmos como se fossem um cliente fictício. Cada carta salienta três aspectos do comportamento do funcionário ou da postura que causou boa impressão no cliente e aponta, também, os efeitos que determinada ação causou no mesmo. Essa atividade propõe-se a concentrar a atenção dos participantes nas coisas que fazem bem e motivá-los a continuar se esforçando.

Tempo

De 10 a 15 minutos.

Do Que Você Vai Precisar

Uma cópia dos roteiros das páginas 25 e 26 para cada participante.

O Que Fazer

Distribua os roteiros. Leia em voz alta o exemplo de carta da página 25 e peça aos participantes que escrevam uma carta semelhante para si mesmos. Diga-lhes para prestarem bastante atenção no que o cliente diz a respeito do impacto das ações e da postura do funcionário.

Diga aos participantes que pensem nas interações do seu próprio atendimento ao cliente e em como suas atitudes e comportamentos afetam os clientes de forma positiva. Eles devem completar o modelo de carta da página 26 como se fossem um cliente. Se necessário, podem alterar levemente as palavras já impressas. Dê-lhes 15 minutos para terminarem a carta.

Peça que voluntários leiam sua carta em voz alta.

Conclua apontando que há infinitas formas de atender o cliente e mesmo maneiras diferentes de alcançar um único objetivo. Embora sejam poucos os clientes que se dão ao trabalho de escrever uma carta fazendo elogios, os participantes devem ter em mente que estão atendendo às necessidades dele (e até mesmo, às vezes, indo além delas) durante cada interação.

Dica! Copie o exemplo de carta em uma transparência e mostre-a durante a atividade de escritura da carta.

Prezado Roberto,

Estou escrevendo esta carta para agradecer-lhe pessoalmente pelo atendimento que deu quando pedi à Atlantis para me ajudar com a minha câmera de vídeo.

Você me ajudou de várias formas. Em primeiro lugar, me falou sobre o botão de tempo de espera, que me permitiria acionar a câmera e correr para a cena, antes que ela começasse a filmar. Isso me alertou para algo que eu não sabia a respeito do meu próprio equipamento.

Também gostei como não se apressou em me explicar todo o procedimento. Sua paciência me fez sentir valorizado como cliente.

Por fim, queria agradecer-lhe por me falar a respeito do tripé compacto que a Atlantis dispõe para esse tipo de câmera de vídeo. Acho que, com isso, meus vídeos domésticos ficarão muito melhores.

Continue trabalhando assim!

Atenciosamente,

Cid

Cid Matógrafo

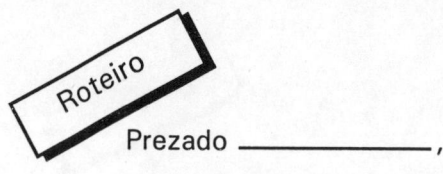

Prezado _____,

Estou escrevendo esta carta para agradecer-lhe pessoalmente pelo atendimento que deu

_____
(quando)

Você me ajudou de várias formas. Em primeiro lugar, _____
(ação)

_____ Isso _____
(efeito)

_____

_____

Também gostei como _____
(ação)

_____

_____

Sua/Seu _____
(Qualidade ou habilidade no atendimento)

me fez sentir valorizado como cliente.

Por fim, queria agradecer-lhe por _____
(ação)

Acho que _____ ficarão muito melhores.
(efeito)

Continue trabalhando assim! _____

Atenciosamente,

_____
(nome do cliente)

Os Melhores e os Piores Momentos

Em Poucas Palavras

Nesta atividade, os participantes vão relembrar e compartilhar suas experiências de vida – boas e ruins – como clientes. Ao enfatizar as formas de agir em outros atendimentos e os efeitos causados nos participantes, o grupo fica mais consciente do que deve e não deve fazer em situações de atendimento ao cliente. Este é um jogo alegre e divertido, que funciona bem como aquecimento para uma reunião do pessoal ou uma sessão de treinamento de atendimento ao cliente.

Tempo

De 15 a 20 minutos.

Do que Você Vai precisar

Um "flip-chart" com papel em branco ou um quadro branco e canetas hidrocor.

O Que Fazer

Dê aos participantes alguns minutos para pensar nas melhores experiências que tiveram ao lidar com serviços de atendimento ao cliente. Peça que alguns deles contem suas estórias. Faça com que enfoquem o que, especificamente, a pessoa que prestou o atendimento fez para que essa fosse uma boa experiência. Escreva as palavras-chave no "flip-chart" sob o título "O que fazer".

A seguir, dê alguns minutos para que os participantes pensem nas piores experiências que tiveram, ao lidar com serviços de atendimento ao cliente. Peça que algumas pessoas contem suas histórias. Faça com que enfoquem o que, especificamente, a pessoa fez de errado. Escreva as palavras-chave no "flip-chart" sob o título "O que fazer".

2

O Que e Como se Diz

Habilidades verbais e vocais para obter sucesso no atendimento ao cliente

Jargão Urbano

Em Poucas Palavras

Os participantes se concentram na identificação de palavras e termos qualificados, como jargão ou gíria. Este jogo rápido, em grupo, ajuda os funcionários que atendem ao cliente de todos os níveis de experiência a ficarem mais conscientes do uso de palavras comuns e de termos especializados.

Tempo

De 15 a 20 minutos.

Do Que Você Vai Precisar

Uma transparência das informações contidas na página 28 ou as definições copiadas no "flip-chart" ou no quadro branco. Os participantes precisarão de papel e canetas.

O Que Fazer

Revise as definições de jargão e gíria a fim de se certificar de que os participantes sabem a diferença entre os dois termos.

Divida os participantes em grupos de dois ou três. Peça a cada equipe que designe um integrante para atuar como jogador, e outro como anotador. Se forem divididos em grupos de três, o terceiro pode atuar como treinador do jogador ou como jogador, para se revezar com o primeiro.

Diga aos participantes que vai ler várias frases de alguns prestadores de serviço de atendimento ao cliente de diferentes setores. Eles deverão ouvir cada frase com atenção e, depois, seguir as instruções abaixo:

- Se a equipe ouvir um termo de jargão que não compreenda, o jogador deve se levantar e pôr a mão na cabeça.
- Se a equipe ouvir um termo de jargão que compreenda (ainda que seja jargão), o jogador deve pôr a mão da barriga.
- Se a equipe ouvir uma gíria, o jogador deve ficar numa perna só.

Avise aos participantes que cada frase pode fazer com que se coloquem em uma, duas ou mesmo nas três posições.

Leia as frases em voz alta, uma de cada vez. Leia cada frase duas vezes, em ritmo normal. Dê às equipes alguns minutos para discussão e para que o jogador se coloque na(s) posição(ões) (o anotador deve escrever os termos de gíria e jargão); depois, peça a uma equipe para identificar os termos de gíria e jargão e dizer por que se decidiu por aquela(s) posição(ões). O jogo deve ser animado e alegre.

Dica! Você pode melhorar ainda mais o jogo, incluindo termos do jargão específico de sua empresa ou setor. Se possível, reserve um tempo, antes de começar a jogar, para escrever algumas frases que os participantes poderiam usar nas conversas com os clientes. Acrescente essas frases a seguir.

Frases do Jargão Urbano

Os termos de jargão e gíria estão sublinhados.

1. Quantos *mega* você tem no seu disco rígido?
2. Seu correio eletrônico funciona com *POP3*?
3. O seu sistema vem com uns *trique-triques extras*: *bola de rastreamento*, *supressor de oscilação* e *filtro de brilho*.

4. Preencha este formulário, colocando seu *CPF*, *RG* e *código de remessa*. É *mole*.

5. Com esse tipo de cobertura, você é responsável por todos os pagamentos parciais de *seguro saúde* e pelas *franquias dedutível* e *simples*.

6. Depois que tiver terminado de preencher toda a documentação, calcularemos seus *pontos*. Depois, olharemos o *borderô* para verificar se pode se candidatar ao empréstimo.

7. Legal! Você só precisa tirar um número de *CCM* na Prefeitura e se registrar no *INSS* como autônomo. Não é preciso pagar nenhum imposto.

Resumo

jargão n. m. vocabulário específico a uma profissão ou setor em particular.

Exemplos: PKU — T4 (teste de laboratório)

custo histórico (método contábil)

cinco estrelas (hotel de luxo)

gíria n. f. vocabulário de uso informal, por definição mais metafórico, vivo e divertido do que a linguagem comum.

Exemplos: mico (vexame)

sarado (com músculos definidos por ginástica)

E aí? (cumprimento)

Pare com Isso!

Em Poucas Palavras

Nesta atividade, os participantes ouvem gravações de si mesmos a fim de identificar cacoetes de linguagem que, inconscientemente, introduzem em sua fala. Esta ação é ideal para ajudar os funcionários a eliminarem padrões de discursos irritantes.

Tempo

20 minutos.

Do Que Você Vai Precisar

Vários gravadores e uma fita para cada grupo de dois participantes (se possível, use gravadores com microfones de mão). Uma cópia do roteiro da página 37 para cada um. Cada dupla de participantes precisará de um relógio de pulso (ou de um relógio visível para todos) e de uma caneta.

O Que Fazer

Esta atividade funciona melhor se a gravação for feita antes de os participantes estarem conscientes do objetivo do jogo. Sem fazer referência ao que acontecerá no decorrer da atividade, divida os integrantes em duplas e peça que cumpram a seguinte tarefa:

Escolham um dos seguintes tópicos e gravem a si mesmos (um de cada vez) falando livremente sobre este assunto, durante um minuto.

- Conte o último filme que viu.
- Conte o que fez nas últimas férias ou no último feriado.

- Fale a respeito de seus objetivos pessoais e profissionais nos próximos cinco anos.

Enquanto um colega fala, o outro escuta, maneja o gravador e controla o tempo. Os dois integrantes do grupo devem fazer sua gravação.

Uma vez terminadas as gravações, distribua os roteiros e revise a definição de cacoete para se certificar de que todos sabem do que se trata. Depois, peça aos pares que ouçam as gravações e identifiquem os cacoetes. Esses não se limitam aos identificados no roteiro.

Em seguida, peça que os participantes das duplas façam novas gravações de si mesmos; dessa vez escolhendo um outro dos três tópicos e, conscientemente, tentando eliminar cacoetes de sua fala.

Peça aos participantes para comentarem seus progressos. Dê-lhes balas ou outras pequenas recompensas por sua melhora.

cacoete n. m. peculiaridade; floreio de linguagem ou expressão pomposa; palavra ou termo que irrita e distrai o ouvinte.

O cacoete é uma característica da linguagem que chama tanta atenção para si mesma, que quem ouve não consegue deixar de se distrair, devido a sua repetição irritante. Quando os ouvintes passam a se concentrar no cacoete, desconcentram-se do conteúdo da mensagem.

Alguns exemplos de cacoetes mais comuns:

Problemas Gramaticais:

- Falta de concordância verbal:

  A gente fomos ao cinema.
  O número de pessoas inscritas são superiores às vagas.

- Falta de concordância nominal:

  Os problemas descrito são sérios.
  Os funcionários contratado aumentaram de número.

- Pronomes duplos:

  Meu chefe, ele disse...
  O departamento de produção, eles não foram...

Sons ou Trejeitos Estranhos:

- Aspirar o ar enquanto fala
- Apertar ou estalar os lábios

Expressões Repetidas:

Veja bem,...
Né?
Daí...

Expressões de Outro Planeta:

A nível de...

De repentemente...

As mulheres enquanto fêmeas...

   Quais são os cacoetes que você tende a usar?

_____
_____
_____
_____
_____
_____

Charadas Vocais

Em Poucas Palavras

Neste jogo, os participantes verbalizam frases escritas, usando cinco qualidades vocais para enriquecer o sentido do texto.

Tempo

De 10 a 15 minutos.

Do Que Você Vai Precisar

Transparências ou cartazes contendo as informações das páginas 41 e 42.

O Que Fazer

Analise as informações dadas na página 41 (os números se referem a que percentagem de uma mensagem é transmitida em cada meio). Lembre aos participantes que a impressão que o cliente tem deles e de sua empresa é significativamente influenciada pelo que dizem e, ainda mais, como dizem (especialmente ao telefone).

Analise o resumo da página 42. Lembre aos participantes que os clientes gostam de ouvir vozes que soam profissionais, amigáveis e confiantes.

Divida os integrantes em cinco pequenos grupos e, em voz baixa, designe para cada grupo uma das cinco qualidades vocais. Peça que digam aos outros que qualidade vocal lhes foi designada.

Dê às equipes alguns minutos para que possam decidir de que forma demonstrarão sua qualidade vocal. Encoraje-os a serem criativos e engraçados.

Após alguns minutos, peça a cada grupo para demonstrar sua qualidade vocal, enquanto os outros grupos adivinham que qualidade lhes foi designada.

Como é Mesmo?

Resumo

Comunicação Face a Face

- 55% linguagem corporal
- 38% tom de voz
- 7% palavras usadas

Comunicação Telefônica

- 82% tom de voz
- 18% palavras usadas

Estudo de Albert Mehrabian, Doutor pela Universidade da Califórnia, em Los Angeles (UCLA).

Resumo

Qualidades Vocais

Tom

Expressa sentimentos e emoções.

Inflexão

Ênfase nas palavras e sílabas para enriquecer a mensagem.

Entoação

Modulação entre graves ou agudos na voz.

Velocidade

Número de palavras faladas por minuto.

Volume

Se a voz soa alta ou baixa.

No Estúdio

Em Poucas Palavras

Os participantes gravam suas vozes e avaliam o tom, a inflexão, a entoação, a velocidade e o volume de sua fala. O objetivo é fazer com que identifiquem aspectos que precisam ser desenvolvidos. Esta atividade é particularmente útil para funcionários novos e com experiência, que precisem desenvolver suas aptidões vocais, e para todos os funcionários que se comuniquem com clientes por telefone.

Tempo

Cinco minutos em grupo e de 5 a 10 minutos para fazer a gravação e terminar a auto-avaliação.

Do Que Você Vai Precisar

Gravadores, fitas cassetes virgens (uma para cada participante) e um marcador de tempo. Uma cópia de cada roteiro de auto-avaliação das páginas 45 e 46 para cada participante. Se você não aplicou o jogo Charadas Vocais, também precisará de transparências ou cartazes com as informações dadas nas páginas 41 e 42.

O Que Fazer

Analise as informações contidas no resumo da página 35 e lembre aos participantes que a impressão que o cliente tem deles e de sua empresa é significativamente influenciada pelo que dizem e, ainda mais, como dizem.

    Reveja as cinco qualidades vocais no resumo da página 42. Lembre aos participantes que os clientes gostam de ouvir vozes que soam profissionais, amigáveis e confiantes.

Faça com que os participantes tenham acesso a gravadores e fitas cassetes. Distribua cópias das avaliações contidas nas páginas 45 e 46.

Se Tiver Mais Tempo

Reúna os participantes de novo. Peça que façam críticas ao exercício. Pergunte o que aprenderam e peça que preencham o Plano de Ação Pessoal da página 21, em relação a duas aptidões vocais que gostariam de melhorar.

Gravando 1

Instruções:

Escolha um longo trecho de um folheto da empresa ou de outro material semelhante e grave a sua própria voz, lendo-o durante um minuto. Leia como se estivesse falando com um cliente, isto é, tente manter uma velocidade uniforme e moderada de sua fala. Ao fim de um minuto, pare de ler e conte o número de palavras que leu. Faça esse exercício três vezes com três diferentes trechos e registre o número de palavras que leu.

Palavras por minuto:

_____

_____

_____

Se os resultados variaram entre 160 e 180 palavras por minuto, isso quer dizer que você fala a uma velocidade confortável para os clientes. Se os resultados ficaram muito acima ou muito abaixo dessa variação, esforce-se para trabalhar melhor a velocidade de sua fala.

Resumo

Gravando 2

Instruções:

Escolha outros longos trechos do folheto de sua empresa ou de outro material semelhante. Grave-se lendo o trecho em voz alta, como se estivesse falando com um cliente.

Ouça a gravação e preste atenção ao tom, inflexão, entoação, velocidade e volume de sua voz. Para cada uma das características relacionadas abaixo, marque um X no local que corresponde ao que ouviu na fita (veja a primeira linha como exemplo).

	X	
Feliz		*Triste*
Não-nasal		*Nasal*
Lenta		*Rápida*
Suave		*Alta*
Neutra		*Esganiçada*
Neutra		*Sarcástica*
Grave		*Aguda*
Monótona		*Dramática*

Tome nota dos aspectos que quer melhorar e regrave sua voz até ficar satisfeito. Se quiser, pode pedir a um ou dois colegas para ouvirem a fita e dar sua opinião.

Deixe-me Dizer o Que Posso Fazer

Em Poucas Palavras

Esta atividade ensina aos funcionários que fazem o atendimento ao cliente o que dizer e fazer quando tiverem de negar pedidos ou dar outras más notícias a ele. É uma atividade adequada para pessoas de todos os níveis de experiência.

Tempo

De 15 a 20 minutos.

Do que Você Vai Precisar

Uma cópia dos roteiros das páginas 49 e 50 para cada participante.

O que Fazer

Distribua os roteiros e analise o da página 49 junto com a turma. Deixe os participantes trabalharem em grupos de dois ou três para fazer o exercício da página 50.

   Peça-lhes que discutam suas respostas. Certifique-se de que elas seguem os três passos relacionados no roteiro da página 49. Solicite aos participantes que coloquem o roteiro próximo a suas mesas de trabalho, para que possam consultá-lo até terem dominado bem essa habilidade.

Respostas

A seguir, temos algumas respostas possíveis:
1. É contra a lei divulgar essas informações. No entanto, temos um modelo de renúncia de direitos que sua ex-

mulher pode assinar, a fim de nos permitir divulgar suas informações bancárias a quem indicar na renúncia. O senhor gostaria que lhe desse um modelo para ela assinar?
2. Não tenho permissão para enviar as flores sem o pagamento antecipado, mas não é necessário vir até a loja para efetuar o pagamento, se não for conveniente para o(a) senhor(a). Aceitamos os cartões de crédito MasterCard®, Visa® e American Express®. Ou, então, o(a) senhor(a) pode mandar um cheque pelo correio, que enviaremos as flores assim que o recebermos.
3. Antes que o(a) senhor(a) inicie o programa de perda de peso, gostaríamos de marcar uma consulta sua com um de nossos nutricionistas, para que possa avaliá-lo(a). Percebemos que as pessoas, que passam por esse processo primeiro, mantêm a perda de peso por um tempo maior. Marcamos consultas à noite e aos sábados, se for mais conveniente para o(a) senhor(a) do que durante a semana.

Se Tiver Mais Tempo

Peça aos participantes que pensem em situações nas quais é preciso dizer "não" aos clientes. Faça com que trabalhem em grupos pequenos e usem os três passos para chegar às respostas. Peça-lhes para discutirem suas respostas com o resto do grupo.

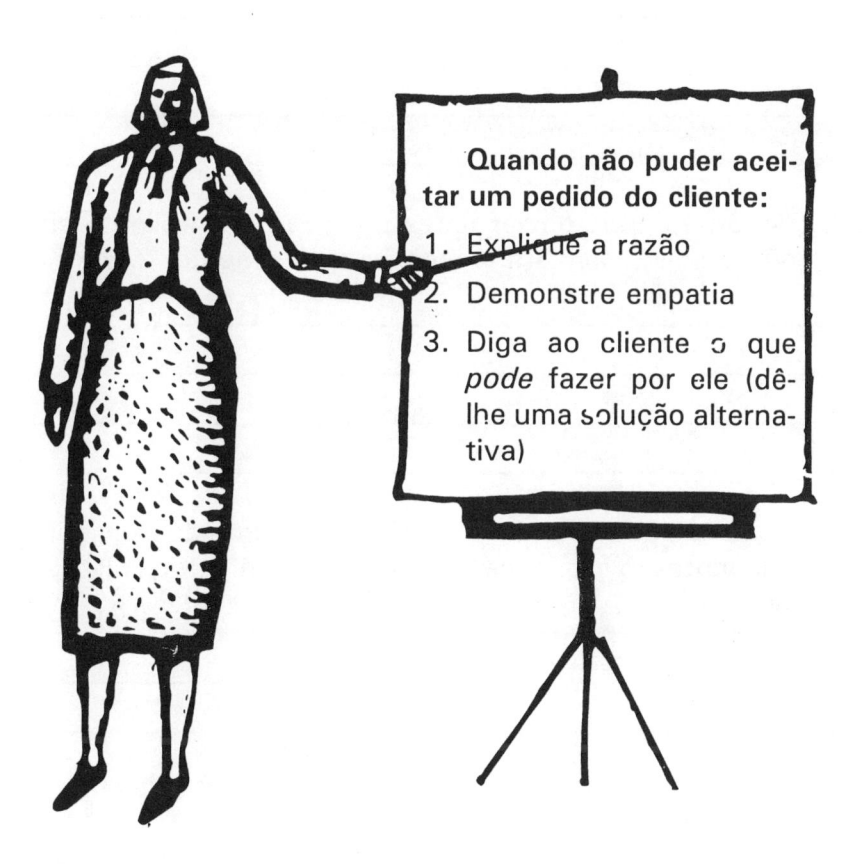

Roteiro

Quando não puder aceitar um pedido do cliente:

1. Explique a razão
2. Demonstre empatia
3. Diga ao cliente o que *pode* fazer por ele (dê-lhe uma solução alternativa)

Roteiro

O que você diria ao cliente nas seguintes situações? Use o modelo dos três passos para dar estas informações a ele.

1. Você não pode dar ao cliente informações sobre o saldo da conta de sua ex-mulher porque é ilegal.

   _____
   _____
   _____
   _____

2. Você não pode enviar flores para a irmã do cliente em outra cidade sem antes receber o pagamento.

   _____
   _____
   _____
   _____

3. Você não pode vender produtos para perda de peso sem que, antes, o cliente seja avaliado por um nutricionista.

   _____
   _____
   _____
   _____

3

Faça a Ligação

Jogos para treinamento para ser bem-sucedido na comunicação telefônica

Ganhando Tempo

Em Poucas Palavras

Durante esta atividade, os participantes aprendem o que dizer para segurar ou transferir uma ligação. Esta ação é adequada para estabelecer diretrizes para toda a empresa a esse respeito, treinar funcionários recém-contratados e como forma de reciclagem.

Tempo

De 10 a 15 minutos.

Do Que Você Vai Precisar

Uma cópia do roteiro da página 54 para cada participante.

O Que Fazer

Distribua um roteiro para cada participante e analise-o. Peça a todos que pensem em situações em que precisam transferir ligações ou pôr uma ligação no sistema de espera.

    Divida os participantes em grupos de dois: um deles é o cliente; o outro, funcionário do serviço de atendimento ao cliente. Peça-lhes que escolham uma situação a partir daquelas que foram relatadas, a fim de praticar essas duas habilidades e que alternem os papéis.

    Solicite aos participantes que coloquem o roteiro visível em seu local de trabalho até dominarem bem essas habilidades.

Roteiro

Pondo uma Ligação em Sistema de Espera

1. Explique por quê
2. Peça permissão
3. Ponha a ligação em sistema de espera
4. Agradeça ao cliente por ter esperado

Transferindo uma Ligação

1. Diga ao cliente para quem está sendo transferido
2. Explique por quê
3. Peça permissão
4. Dê o número do telefone
5. Transfira a ligação

Excelência nas Ligações Para Fora

Em Poucas Palavras

Os participantes analisam duas situações e identificam os elementos bons e ruins nas ligações para fora do ambiente de atendimento. O objetivo é fazer com que aprendam a evitar os erros comuns e aborrecimentos associados às ligações para fora. Este jogo é adequado a todos aqueles que precisam ligar para os clientes.

Tempo

De 20 a 30 minutos.

Do Que Você Vai Precisar

Uma cópia dos roteiros das páginas 57 a 59 para cada participante. Uma cópia do roteiro da página 41 para cada participante, se você não aplicou o jogo Charadas Vocais do Capítulo 2. Um "flip-chart" ou quadro branco e canetas hidrocor.

O Que Fazer

Desenvolva um debate sobre a comunicação telefônica com os participantes. Relembre as informações contidas no roteiro da página 41 e a importância das comunicações telefônicas para o estabelecimento de relações duradouras com os clientes.

   Advirta os participantes que existem outros fatores a serem lembrados ao contatar os clientes por telefone. Distribua os roteiros da página 57. Faça com que trabalhem em grupos de três ou quatro, para terminar o exercício.

Distribua o roteiro da página 58. Faça com que os participantes trabalhem em grupos de três ou quatro para terminar o exercício.

Depois de cinco minutos, reúna todos os integrantes e pergunte quais foram as ajudas e obstáculos que perceberam. Relacione tudo no "flip-chart" ou no quadro branco.

Você agora dispõe de uma lista mestra de comportamentos desejáveis visando a obter sucesso nas ligações telefônicas para fora. Ela deve conter as informações do roteiro da página 59, assim como os outros itens levantados pelos participantes.

Distribua o roteiro da página 59. Peça aos participantes que coloquem o roteiro visível em seu local de trabalho, até dominarem bem essas habilidades.

Roteiro

Instruções:

Leia a seguinte transcrição e note o que o funcionário do serviço de atendimento ao cliente faz para facilitar a boa comunicação e o que faz para criar obstáculos.

Emília Nogueira, uma funcionária de serviço de atendimento ao cliente da Companhia Telefônica Central recebeu um bilhete de um colega dizendo: "João Vieira telefonou às 11h30. Disse que você ia ligar para ele às 10h para explicar os itens de cobrança da primeira conta." A seguir, está a transcrição da ligação de Emília:

Emília: Olá. Aqui é Emília. O senhor tem alguma dúvida?

João: Emília? *(João parece perdido.)*

Emília: É, Emília da companhia telefônica. Era para eu ligar para o senhor mais cedo?

João: Era, sim. Você ia pesquisar e me explicar as cobranças na minha conta. Elas não estão de acordo com o contrato que assinei pelo serviço.

Emília: *(Emília suspira alto.)* É que ando muito ocupada e não pude fazer a pesquisa. Qual é o número do seu telefone?

João: Emília, estou numa reunião. Você pode me ligar de novo à tarde?

Emília: É claro. Ligo mais tarde. *(Emília desliga e João fica olhando para o aparelho, sem acreditar.)*

Roteiro

Instruções:

Leia a seguinte transcrição e note o que o funcionário do serviço de atendimento ao cliente faz para facilitar a boa comunicação e o que faz para criar obstáculos.

    Margarida Sanchez, da Xeno Ltda., ligou para a Companhia Telefônica Telefio com a intenção de descobrir por que a fatura da Xeno veio tão mais alta do que o normal este mês. O funcionário responsável por sua conta, Mário, disse que iria pesquisar o problema e telefonar para Margarida de volta às 9h, na manhã do dia seguinte. A seguir, a transcrição da ligação:

Mário:	Bom-dia, Margarida. Aqui é Mário Alves, da Telefio. Consegui algumas informações sobre sua conta de telefone, mas não sei se você está muito ocupada agora para falar comigo.
Margarida:	Bom-dia, Mário. Posso falar agora, estava mesmo esperando sua ligação. O que você descobriu?
Mário:	Bem, estou com uma cópia de sua conta bem aqui. Você está com a sua conta à mão?
Margarida:	Está na mão. Você descobriu por que a conta foi tão alta este mês?
Mário:	Descobri. Vá até a página 4 e olhe a última linha. Cometemos um erro e cobramos ligações a mais. Peço muitas desculpas pelo nosso erro. Para corrigi-lo, estou lhe dando um crédito de R$468,23; assim você só terá que pagar R$823,46. Isso retifica o problema?
Margarida:	Com certeza, Mário. Muito obrigada por sua ajuda.
Mário:	Tudo bem. Esse crédito aparecerá em sua conta do mês que vem. Se tiver outras dúvidas, me ligue. Meu telefone direto é 555-8663.

Resumo

Dicas para Fazer Ligações para Fora Bem-sucedidas

- Identifique-se, identifique a sua empresa e o motivo de sua ligação.
- Ligue na hora que prometeu.
- Tenha todas as informações necessárias à mão antes de fazer a ligação.
- Pergunte se não está atrapalhando.
- Diga ao cliente o que acontecerá depois (se apropriado).

Brincando de Ator

Em Poucas Palavras

Os participantes se revezam, representando situações de atendimento ao cliente por telefone, enquanto os outros representam o papel de críticos. O objetivo é fazer com que os reconheçam os pontos altos de um atendimento de qualidade por telefone. Este jogo é apropriado para funcionários que precisem pôr em prática certas habilidades de comunicação por telefone.

Tempo

De 5 a 10 minutos.

Do Que Você Vai Precisar

Duas cópias de cada um dos roteiros das páginas 63 e 64. Um "flip-chart" ou quadro branco e canetas hidrocor.

O Que Fazer

Peça a quatro voluntários para serem "atores". Divida-os em duplas e dê a cada uma delas duas cópias do roteiro (uma dupla fica com a Situação nº 1 e a outra, com a Situação nº 2). Dê aos atores um ou dois minutos para que decidam quem vai representar qual parte e para ensaiar seus papéis.

Peça à "platéia" para prestar bastante atenção ao que cada funcionário do serviço de atendimento ao cliente faz e de que forma isso afeta o cliente. Peça à primeira dupla para representar a Situação nº 1 e à platéia que faça comentários. Depois, pratique o mesmo com a Situação nº 2. Peça que os participantes façam críticas. A seguir, estão relacionadas algumas possibilidades:

Situação nº 1:

- Atender ao telefone mais rápido.
- Cumprimentar de forma apropriada e oferecer ajuda.
- Oferecer ajuda e não só dar informações.
- Dizer "por favor" ao pedir informações.
- Estar preparado com lápis e papel à mão ao receber ligações.
- Ser mais educado e profissional.
- Confirmar o endereço do cliente.
- Usar um fechamento adequado.

Situação nº 2:

- Não ficar na defensiva.
- Não culpar o cliente.
- Ter empatia pela situação do cliente.

Se Tiver Mais Tempo

Peça a quatro voluntários que representem versões revisadas das situações. Forneça aos novos atores cópias dos textos e dê-lhes alguns minutos para se prepararem e, então, deixe que desempenhem seu papel. Solicite à platéia que faça críticas.

Roteiro

Situação nº 1

Instruções

Leia o texto abaixo. Decida quem representará o papel do funcionário e quem representará o do cliente. Ensaie suas falas a fim de se preparar para sua "apresentação".

Cliente: *(Faça o som de campainha de telefone tocando quatro vezes.)*

Funcionário: *(Voz arfante e preocupada)*
Super-Tech, Alex falando.

Cliente: Oi. Estou ligando para saber informações sobre o curso de informática.

Funcionário: (*Voz apressada*)
Certo. Qual é seu endereço? Um minuto, não acho papel e lápis. OK. Tudo em cima. OK. Fala.

Cliente: É Rua Primavera 463. O CEP é 13404-000.

Funcionário: Tudo bem. Anotei tudo. Obrigado. *(Telefone no gancho)*

Roteiro

Situação Nº 2

Instruções

Leia o texto abaixo. Decida quem representará o papel do funcionário e quem representará o do cliente. Ensaie suas falas a fim de se preparar para sua "apresentação".

Cliente: *(Fazer som de campainha de telefone)*

Funcionário: (*Voz agradável e parecendo alegre pelo cliente ter ligado*)
Companhia Depósito de Papel. Aqui quem fala é [seu nome]. Como posso ajudá-lo?

Cliente: Oi. Aqui é Tânia, da Gráfica Boa Impressão. Pedi 27 resmas de papel para um projeto gráfico com entrega para daqui a dois dias e ainda não recebi nada!

Funcionário: (*Voz insegura como se não soubesse o que fazer*)
É mesmo?

Cliente: Preciso começar o trabalho agora mesmo, ou não ficará pronto a tempo. Não posso sair para comprar o papel no varejo porque preciso de um tipo que só a sua empresa tem.

Funcionário: (*Na defensiva*)
Bem, não sei o que aconteceu. Quer dizer, o pedido não passou pela minha mão. Tem certeza de que avisou para quando ia precisar?

Cliente: (*Voz zangada*)
Esquece. Vou tentar em outro lugar.
(*Telefone no gancho*)

Alienígena de Tênis

Em Poucas Palavras

Este é um jogo divertido e animado, em que os participantes dão instruções orais a um "alienígena" de como pôr meia e tênis. É proibido demonstrar. O objetivo é fazer com que aprendam a dar instruções claras. Este jogo foi, idealmente, elaborado para funcionários que precisem dar instruções a clientes por telefone.

Tempo

De 15 a 20 minutos.

Do Que Você Vai Precisar

Um par de meias e um par de tênis (do seu tamanho); um dos tênis deve estar desamarrado. Uma cópia do roteiro da página 67 para cada participante.

O Que Fazer

Você representará o papel do alienígena. Entre na sala com uma meia e um tênis amarrado em um pé e com o outro pé descalço. Distribua roteiros para os participantes. Sente-se e ponha no chão a meia, o cordão e o tênis a sua frente, e espere pelas instruções.

Sua tarefa é ajudar os participantes a perceberem que precisam dar instruções claras. Não fale e faça exatamente o que eles mandarem. Se um participante disser "ponha a meia no pé", pegue a meia e coloque-a por cima do pé. Se ele disser "pegue o cordão", pegue-o pelo meio e não pela ponta. Se o participante disser "ponha o cordão no buraco do tênis", ponha a ponta do cordão em qualquer furo, não necessariamente no primeiro, ou ponha o cordão dentro do tênis.

Se vários participantes derem instruções ao mesmo tempo, ou se um deles ficar muito irritado ou frustrado ou gritar palavrões, pare de brincar. Jogue-se no chão! Você pode "ressuscitar" se os participantes falarem ou disserem algo que faça com que queira voltar a brincar de novo.

Depois de dez minutos, pare a atividade e faça as perguntas para discussão. Os participantes devem ser capazes de dar instruções mais claras na segunda vez.

Perguntas Para Discussão

P: O que aprendeu a respeito de dar instruções?

R: *Respostas de campo*.

P: Nessa situação, você conseguia ver se o alienígena estava ou não seguindo suas instruções. Como pode saber se o cliente está seguindo as instruções quando está ao telefone?

R: *Fazendo perguntas para confirmar*.

P: Como pode dar melhores instruções aos clientes?

R: *Respostas de campo*.

Alienígena de Tênis

A "pessoa" que acabou de lhe entregar esse papel é um alienígena, vindo de outro planeta. Antes de chegar, colocaram tênis e meias nos seus dois pés. Mas, por ser muito curioso, o alienígena tirou um tênis e uma meia e não sabe colocá-los de volta.

Sendo um terráqueo muito gentil como é, você quer ajudar o alienígena a botar a meia e amarrar o tênis. Sua tarefa é dar instruções explícitas a ele. (O alienígena recebeu um curso relâmpago de português antes de chegar, mas não fala nada.)

O alienígena não é capaz de imitá-lo, assim não adianta demonstrar com seu próprio sapato e meia. Além disso, ele foi desenvolvido de tal maneira que só consegue ouvir uma pessoa de cada vez. Por favor, façam um revezamento para dar as instruções.

Ah, só mais um aviso... não toquem no alienígena. Se fizerem isso, bem, não garanto nada. A última pessoa que tocou nele, evaporou imediatamente.

Você Está Vivo?

Em Poucas Palavras

Neste jogo, os participantes praticam o uso de frases de transição para evitar períodos de silêncio longos e incômodos, ao falar com os clientes por telefone ou pessoalmente. Ele é ideal para quem faz pausas freqüentes ou longas durante negociações com clientes.

Tempo

De 10 a 15 minutos.

Do Que Você Vai Precisar

Uma cópia do roteiro da página 71 para cada dupla de participantes. Uma bola pequena e leve (um travesseiro pequeno ou bicho de pelúcia também servem).

O Que Fazer

Divida os participantes em duplas e dê a cada um uma cópia do roteiro. Diga-lhes que o objetivo desta atividade é praticar o uso de frases de transição para evitar o "ar pesado" ao falar com os clientes pelo telefone ou pessoalmente. Dê-lhes cinco minutos para terminar o roteiro.

Depois desse tempo, faça com que os participantes fiquem em pé, formando um círculo, dando pouca distância entre um e outro. Peça-lhes para jogar a bola um para o outro. Quem pegar a bola tem de falar uma frase de transição e, então, jogá-la para outro.

Perguntas Para Discussão

P: Por que é importante se comunicar com os clientes sem deixar que ocorram longos períodos de silêncio?

R: *Os clientes nem sempre sabem o que você está fazendo. Ao falar com eles enquanto processa seus pedidos, você lhes dá a certeza de que não os esqueceu e os mantém informados do processo. Os clientes adoram "participar".*

P: Quando você precisa usar frases de transição em suas interações de atendimento ao cliente?

R: *As respostas vão variar.*

P: Se estiver falando com um cliente ao telefone, quando deve colocá-los no sistema de espera e quando deve usar frases de transição enquanto os mantém na linha?

R: *A prática padrão é pôr o cliente em sistema de espera, se for levar mais de um minuto para achar a informação solicitada. Lembre-se sempre de pedir a permissão do cliente, antes de colocá-lo em sistema de espera.*

Roteiro

Frases de Transição

"Um momento, por favor."

Não há nada de errado com essa frase, mas, com certeza, ela não comunica muito ao cliente — somente que ele precisa esperar. Sabemos que você pode fazer muito melhor do que isso.

Quais são as alternativas que pode usar para se comunicar com os clientes quando está lidando com solicitações?

Exemplo: *Sr. Ribeiro, vou precisar de um ou dois minutos para encontrar a informação nos meus arquivos.*

1. _____
_____

2. _____
_____

3. _____
_____

4. _____
_____

5. _____
_____

4
Estão Olhando Para Você

Jogos para chegar à excelência no atendimento face a face

São Tantas As Maneiras

Em Poucas Palavras

Os participantes trabalham em grupo para analisar o máximo de diferenças existentes entre o atendimento ao cliente por telefone e face a face. Depois, pensam nas maneiras de usar essas diferenças em benefício do cliente. Este jogo é indicado para funcionários que lidem com clientes principalmente face a face, ou tanto por telefone quanto pessoalmente.

Tempo

De 15 a 20 minutos.

Do Que Você Vai Precisar

Uma cópia dos roteiros das páginas 77 e 78 para cada grupo de três participantes. Uma "flip-chart" e canetas hidrocor.

O Que Fazer

Divida os participantes em grupos de dois ou três e dê a cada grupo uma cópia do roteiro da página 77. Conceda-lhes cinco minutos para pensar no máximo de diferenças que puderem entre o atendimento ao cliente por telefone e face a face. Devem se concentrar em completar a seguinte frase:

No atendimento ao cliente face a face...

A diferença mais óbvia, claro, é que, no atendimento face a face, o cliente pode ver o funcionário. Os participantes devem esmiuçar isso em distinções mais sutis — por exemplo, o cliente pode ver a roupa que você está usando.

Nesse momento, os participantes devem se concentrar somente em pensar em características do atendimento face a face (parte um do roteiro). Mais tarde, terão a oportunidade de discutir de que forma essas características influenciam o atendimento ao cliente (parte dois do roteiro).

Depois de cinco minutos, pare a sessão de discussão e peça a cada grupo que relate uma de suas conclusões. Continue até que cada grupo tenha relatado todas as diferenças de sua lista. Vá escrevendo as respostas no "flip-chart", conforme forem falando.

Em seguida, divida as respostas, designe uma parte a cada grupo e distribua o roteiro da página 78. Sua nova tarefa é transformar cada característica em uma "regra". Por exemplo: já que cada cliente pode ver que roupa está usando, você deve sempre se vestir de maneira apropriada e profissional.

Após três ou quatro minutos, peça a cada grupo para relatar suas "regras".

Roteiro

Parte 1

No atendimento ao cliente face a face,...

1. *os clientes podem ver que roupa você está usando.*
2.
3.
4.
5.
6.
7.
8.
9.
10.

Roteiro

Parte 2

1. Já que *clientes podem ver que roupa está usando*
   (característica do atendimento cara a cara)

2. Já que *você deve se vestir de forma apropriada*
   (o que você deve fazer para prestar um bom serviço)

3. Já que _____

4. Já que _____

5. Já que _____

Primeiras Impressões

Em Poucas Palavras

Este jogo serve para tornar os prestadores do serviço de atendimento ao cliente mais observadores. Os participantes examinam suas próprias impressões e predisposições, baseadas na aparência das pessoas em fotos, e depois discutem que impressões os clientes podem ter deles, com base na sua aparência.

Tempo

De 10 a 15 minutos.

Do Que Você Vai Precisar

Recorte várias fotografias (pelo menos cinco por grupo) de pessoas de revistas ou propagandas impressas. As fotos devem representar uma amostra o mais diversificada possível da população, que não sejam pessoas famosas ou facilmente reconhecíveis.

O Que Fazer

Divida os participantes em grupos de três ou quatro e dê a cada grupo várias fotos para examinar. Diga-lhes para discutirem entre si que impressões têm dessas pessoas, com base somente em sua aparência nas fotos.

Depois de cerca de cinco minutos, peça que alguns voluntários se candidatem, para fazer um breve relatório das impressões de cada grupo. Diga-lhes para pensarem que impressões os clientes podem ter deles (dos participantes), com base na sua aparência.

Enfatize aos participantes que o objetivo desse jogo não é discutir se as primeiras impressões são justas. Eles devem se concentrar somente na impressão que sua aparência causa aos clientes.

Dica! Guarde as fotos das revistas para usar de novo no futuro. Você pode acrescentar outras fotos sempre que encontrar alguma apropriada, em revistas.

Você pode querer mencionar aos participantes que os especialistas sugerem aos profissionais que se vistam sempre como se ocupassem um cargo acima do seu atual. Isso causa uma impressão favorável aos clientes e aos gerentes e pode ajudá-los a ganhar pontos para promoção.

Você Está Ótimo!

Em Poucas Palavras

Neste jogo, os participantes analisam fotos para determinar a importância da postura e da aparência como algo que acrescenta significado à comunicação. O objetivo é fazer com que aprendam técnicas básicas que possam usar para se certificarem de que sua linguagem corporal e aparência pessoal estão enviando a mensagem que pretendem. Este jogo é ideal para introduzir o conceito de comunicação visual.

Tempo

De 10 a 15 minutos.

Do Que Você Vai Precisar

Uma cópia do roteiro da página 83 para cada participante. Um "flip chart" ou um quadro branco e uma caneta hidrocor.

O Que Fazer

Distribua uma cópia do roteiro a cada participante. Peça-lhes que trabalhem em pequenos grupos para indicar o que pensam ser a profissão de cada pessoa e o que cada pessoa está sentindo. Devem também discutir por que chegaram a essas conclusões.

Depois de cinco a sete minutos, peça a cada grupo para relatar as suas descobertas. Relacione os pontos relativos à linguagem corporal e à vestimenta no "flip-chart" ou no quadro branco.

Perguntas Para Discussão

P: Como a sua linguagem corporal e vestimenta afetam sua comunicação com o cliente?

R: *O cliente pode dizer que você é amigável, confiante e interessado se vestir-se de forma compatível com seu cargo, que você tem, uma atitude positiva, e se você se inclinar levemente para trás, a fim de mostrar que está relaxado, ou se se inclinar levemente à frente, para mostrar que está interessado (Figuras 4 e 5). O cliente pode perceber que você está na defensiva se fechar-se e cruzar os braços. O cliente pode demonstrar que está zangado ou aborrecido, mantendo uma postura frontal e rígida (Figuras 2 e 3).*

P: Que tipo de postura você pode assumir para ajudar a amenizar uma situação problemática, como quando um cliente está reclamando ou fazendo acusações injustas?

R: *Manter uma postura aberta e se inclinar levemente para a frente com intenção de mostrar que está interessado em ajudá-lo a encontrar a solução.*

P: O que você gostaria de mudar, se é que gostaria, em relação a sua linguagem corporal ou na sua maneira de se vestir, para dar um atendimento melhor aos clientes?

R: *Respostas de campo.*

Roteiro

Figura 1

Figura 2

Figura 3

Figura 4

Figura 5

Figura 6

Mímica

Em Poucas Palavras

Alguns participantes demonstram expressões faciais, enquanto outros adivinham que emoção está sendo transmitida. O objetivo é fazer com que eles aprendam a importância das expressões faciais no acréscimo de significado de sua comunicação com os clientes. Este jogo é adequado para funcionários que querem melhorar seu reconhecimento do significado por trás das várias expressões faciais.

Tempo

De 10 a 15 minutos.

Do Que Você Vai Precisar

Uma cópia do roteiro da página 87. Um "flip-chart" ou quadro branco, com as seguintes palavras escritas: feliz, triste, agradavelmente surpreso, desagradavelmente surpreso, ansioso, com raiva, preocupado, chateado, com pressa, interessado. Um cronômetro ou relógio com mostrador de segundos.

O Que Fazer

Corte nas linhas pontilhadas do roteiro. Divida os participantes em duas equipes e dê a cada equipe cinco pedaços de papel. Explique que sua tarefa é escolher um ator, ou alguns atores, para representar cada uma das emoções, somente por meio da expressão facial.

Dê às equipes alguns minutos para se prepararem e, depois, comece a mímica. Durante a mímica, as equipes ficam frente a frente. O ator da Equipe Um representa uma das emoções usando expressões faciais a outra tem 15 segundos para olhar e decidir que emoção a Equipe Um está representando. A Equipe Dois, então, representa uma outra emoção, e as equipes vão se revezando até que todas as emoções tenham sido representadas.

Se Tiver Mais Tempo

Faça com que os atores repitam suas representações. Após cada representação, pergunte aos componentes do grupo como adivinharam que emoção o ator estava representando. Peça que prestem particular atenção à testa, sobrancelhas, olhos, boca e na inclinação da cabeça do ator.

Discuta as implicações das várias expressões faciais para os participantes em seu trabalho.

Roteiro

Feliz	Triste
Agradavelmente Surpreso	Desagradavelmente Surpreso
Ansioso	Com Raiva
Preocupado	Chateado
Com Pressa	Interessado

Os Cinco Pilares do Sucesso

Em Poucas Palavras

Este é um jogo de representação de papéis em que os participantes identificam as cinco habilidades básicas da comunicação essenciais para obter sucesso no atendimento ao cliente face a face. É ideal para aprimorar as habilidades de comunicação face a face.

Tempo

De 10 a 15 minutos.

Do Que Você Vai Precisar

Duas cópias dos roteiros das páginas 91 e 92.

O Que Fazer

Peça a dois "atores" voluntários para representarem na frente do grupo. Designe um papel para cada ator e dê-lhes os textos. Reserve alguns minutos para que possam examinar seus papéis e peça-lhes que representem sua situação de atendimento ao cliente (Tomada Um). Solicite ao resto do grupo que preste bem atenção ao que os atores fazem e em como isso afeta a interação.

Após essa etapa, pergunte as impressões do grupo. Depois, peça que os atores representem a Tomada Dois e que o grupo perceba cinco coisas que o funcionário de atendimento ao cliente faz que exerce uma influência positiva neste.

Analise a peça, solicitando à platéia para identificar cinco coisas que o funcionário de atendimento ao cliente faz bem. Eles podem achar mais do que cinco itens, mas devem identificar o seguinte: cumprimentar o cliente, fazer contato visual, sorrir, usar uma linguagem corporal aberta e agradecer ao cliente.

Perguntas Para Discussão

P: Por que você deve cumprimentar o cliente?

R: *É uma regra da boa educação e demonstra sua boa vontade em atender.*

P: Por que é importante fazer contato visual?

R: *O fato de fazer contato visual tranqüiliza o cliente, pois percebe que sua atenção está centrada nele.*

P: Por que sorrir?

R: *Você deixa o cliente à vontade e ficará mais relaxado e disposto a atender. Fará, também, com que ele se sinta mais valorizado.*

P: Qual é a importância de usar uma linguagem corporal aberta? Quais são os exemplos de usar uma linguagem corporal aberta?

R: *A linguagem corporal aberta mostra aos clientes que você está querendo ajudar, e isso colabora para estabelecer conexão. Alguns exemplos de linguagem corporal aberta é encarar o cliente, descruzar os braços, relaxar a postura e olhar para ele quando fala.*

P: Por que agradecer ao cliente?

R: *Isso demonstra cortesia para com o cliente e reforça o quanto você valoriza os interesses dele.*

Tomada Um

Roteiro

Esta situação curta acontece em uma agência de viagens. Na primeira cena, o funcionário de atendimento ao cliente (FAC) é amigável e prestativo, mas deixa de fazer quatro coisas importantes:

- sorrir
- cumprimentar o cliente
- usar uma linguagem corporal aberta
- fazer contato visual
- agradecer ao cliente

Cliente: Oi!

FAC: (*Levanta o olhar enquanto o cliente entra, mas não sorri nem diz nada.*)

Cliente: Hum, queria obter algumas informações a respeito de cruzeiros pelo Caribe.

FAC: (*Tem uma voz amigável, mas mantém os braços cruzados e não olha diretamente para o cliente...*) Claro. Temos várias opções. Gostaria de olhar alguns folhetos ou quer que verifique a disponibilidade e os preços?

Cliente: Bem, primeiro, quero uns folhetos para levar para casa e olhar com calma. Só pretendemos ir no ano que vem.

FAC: Tudo bem. Aqui estão alguns folhetos (*entrega-os ao cliente*). Dê uma olhada e me ligue se tiver qualquer dúvida.

Cliente: Ótimo. Obrigado.

FAC: Não há de quê.

(*O cliente se vira e sai.*)

Roteiro

Tomada Dois

É a repetição da mesma situação, mas, desta vez, o funcionário de atendimento ao cliente (FAC) se lembra de fazer todas as cinco coisas a seguir:

- sorrir
- cumprimentar o cliente
- usar uma linguagem corporal aberta
- fazer contato visual
- agradecer ao cliente

FAC: (*Levanta os olhos enquanto o cliente entra e sorri.*) Bom-dia.

Cliente: Oi!

FAC: (*Encarando o cliente e fazendo contato visual.*) Em que posso ser útil?

Cliente: Bem, queria obter algumas informações sobre cruzeiros pelo Caribe.

FAC: Certo. Temos várias opções. Gostaria de olhar alguns folhetos ou quer que verifique a disponibilidade e os preços?

Cliente: Bem, primeiro, quero uns folhetos para levar para casa e olhar com calma. Só pretendemos ir no ano que vem.

FAC: Tudo bem. Aqui estão alguns folhetos (*entrega-os ao cliente*). Dê uma olhada e me ligue se tiver qualquer dúvida.

Cliente: Ótimo. Obrigado.

FAC: Obrigado por ter vindo.

(*O cliente se vira e sai.*)

Faça o Seu Dia Ser Maravilhoso

Jogos para estabelecer conexão com cada cliente

Conexão Oculta

Em Poucas Palavras

Este é um jogo rápido e dinâmico em que os participantes trabalham juntos com um caça-palavra, a fim de descobrir várias técnicas para conexão com os clientes. Planeje aplicá-lo antes e não depois dos outros jogos deste capítulo (ao fazerem os outros jogos, os participantes descobrirão as respostas do caça-palavra). Este jogo é ideal para funcionários recém-contratados, mas pode ser usado como reciclagem para os de todos os níveis de experiência.

Tempo

De 10 a 15 minutos.

Do Que Você Vai Precisar

Uma cópia do roteiro da página 97 para cada dupla de participantes.

O Que Fazer

Peça a alguém para definir "conexão". Divida os participantes em duplas e diga-lhes que vão trabalhar com seus parceiros para descobrir várias técnicas a fim de estabelecer conexão com os clientes.

Distribua o caça-palavra e dê-lhes dez minutos para terminar. Na hora de perguntar as respostas, trabalhe com o grupo todo.

Respostas

1. Use o NOME do cliente.
2. Diga POR FAVOR e OBRIGADO ao pedir INFORMAÇÕES aos clientes.
3. Explique suas RAZÕES quando tiver que dizer NÃO a um pedido de um cliente.
4. Mostre INTERESSE pelas necessidades do cliente.
5. Demonstre EMPATIA pelos SENTIMENTOS do cliente.
6. Diga ao cliente quais são suas OPÇÕES.
7. SORRIA! Mesmo se estiver ao telefone.

Caça-Palavra da Conexão

Existem inúmeras maneiras de estabelecer conexão com os clientes. O quebra-cabeça abaixo contém palavras que completam as seguintes técnicas para essa finalidade. Completamos a primeira para você.

1. Use o <u>N O M E</u> do cliente.
2. Diga ___ _____ e _____ ao pedir _____ aos clientes.
3. Explique suas _____ quando tiver que dizer ___ a um pedido de um cliente.
4. Mostre _____ pelas necessidades do cliente.
5. Demonstre _____ pelos _____ do cliente.
6. Diga ao cliente quais são suas _____.
7. _____! Mesmo se estiver ao telefone.

As palavras podem estar na horizontal, na vertical ou na diagonal, em qualquer direção.

S	O	T	N	E	M	I	T	N	E	S	R	T
O	B	R	I	G	A	D	O	S	R	E	F	A
E	T	R	E	E	L	C	E	H	O	E	V	S
S	O	P	Ç	O	E	S	S	M	V	M	T	I
S	S	R	R	A	Z	P	S	M	A	P	X	O
E	M	O	N	A	A	Ç	E	M	F	A	E	Z
R	D	P	R	L	D	T	O	P	R	T	O	A
E	Q	R	O	R	N	E	Z	I	O	I	T	R
T	I	A	E	E	I	S	A	U	P	A	N	H
N	N	W	S	R	H	A	R	E	L	P	I	R
I	N	F	O	R	M	A	Ç	O	E	S	H	P

Sinto por Você

Em Poucas Palavras

Neste jogo, os participantes trabalham em duplas para reescrever mensagens secas e mecânicas, a fim de demonstrar mais empatia pelos clientes. Este é útil para funcionários recém-contratados ou como reciclagem para funcionários temporários.

Tempo

De 15 a 20 minutos.

Do Que Você Vai Precisar

Uma transparência ou cartaz contendo as informações da página 101. Uma cópia das páginas 102 e 103 cortadas em sete pedaços de papel, cada uma com uma situação. Coloque tudo em um "chapéu" (uma cesta ou pote também servem).

O Que Fazer

Leia as seguintes informações e peça aos participantes que digam que resposta soa melhor e por quê.

Um cliente telefona e diz: "Minha casa sofreu danos por causa de um terremoto e preciso saber o que o seguro vai cobrir." Quais das duas respostas você acha que o cliente preferiria ouvir?

1. Se me der o número de sua apólice, verificarei a cobertura.

2. Sinto muito saber que o terremoto danificou a sua casa. Se me disser o número de sua apólice, verificarei sua cobertura total.

Pergunte aos participantes o que o segundo funcionário de atendimento ao cliente fez e o primeiro não. (Demonstrou empatia pela situação do cliente.) Mostre a transparência ou o cartaz ao grupo e rapidamente passe para a definição de empatia.

Diga aos participantes que não é necessário expressar empatia em todas as interações de atendimento ao cliente, mas que quando o cliente está em dificuldades, é essencial demonstrar preocupação. Existem muitas maneiras de manifestar empatia pelos clientes – por meio de ações, palavras, tom de voz etc.

Divida os participantes em duplas. Peça a cada dupla que venha na frente e tire uma frase do chapéu. Um dos parceiros deve ler a frase do cliente e o outro, a resposta do funcionário de atendimento. Cada uma das outras duplas deve rapidamente reescrever a resposta do funcionário de atendimento, a fim de mostrar mais empatia pelo cliente. Faça com que cada dupla mostre sua resposta ao grupo todo e, depois, pergunte à próxima dupla que venha tirar o seu papel do chapéu. As respostas vão variar, mas você deve se certificar de que cada resposta reescrita demonstre empatia pelo cliente.

Dica! Se o grupo reage bem a competições, você pode dar pequenos prêmios à dupla que melhor reescrever cada resposta.

Resumo

empatia n. f. identificação com ou experimentação indireta de sentimentos, pensamentos ou atitudes de outra pessoa.

Para mostrar empatia pelos clientes, você pode usar as seguintes palavras:

Entendo...

Sinto muito...

Percebo bem...

Pode-se também demonstrar empatia pelo tom de voz e linguagem corporal.

Recorte

Cliente: Tenho ingressos para a apresentação noturna do dia 15, mas infelizmente quebrei minha perna há alguns dias e não poderei ir até tirar o gesso. É possível trocar os ingressos para outra apresentação no fim da temporada?

FAC: Depende de quantos ingressos comprou. Eles estão à mão?

Cliente: Trouxe meu carro para fazer um orçamento de manhã. Ele está batido. Estou telefonando para saber se o orçamento já está pronto. Meu nome é Paulo Sobral.

FAC: Vou verificar. Qual é a marca do carro?

Cliente: Oi. Vim aqui ontem de tarde para reler uns trabalhos. De noite, não consegui achar minha carteira, então resolvi voltar a todos os lugares em que estive ontem para ver se a encontro. Não sei ainda se fui roubado ou se coloquei em algum lugar diferente. Por acaso você achou a minha carteira perdida?

FAC: Vou ligar para o Achados e Perdidos.

Cliente: Tenho uma consulta com o dentista às 3h hoje, mas acabei de saber que tenho que pegar o vôo das 2h para Nova York. Será que o dentista pode me atender mais cedo? Estou com dor de dente há dois dias, e não vou agüentar ficar assim até voltar de Nova York.

| FAC: | Sempre deixamos horários vagos para casos de emergência. Deixe-me ver se o dentista pode encaixá-lo mais cedo. |

| Cliente: | Meu computador deu pau. Acho que foi por causa de um vírus que veio pela Internet. Preciso saber como recupero os dados do disco rígido. Apagou tudo e não tenho cópias dos arquivos em disquete. |
| FAC: | Há uma boa chance de consertar, mas pode levar algum tempo. Deixe-me fazer algumas perguntas sobre o seu sistema, e então lhe direi o que fazer. |

| Cliente: | Meu médico me pôs numa dieta muito rígida e não vejo nada no cardápio que possa comer. É possível pedir legumes no vapor e arroz? |
| FAC: | Bem, vou ter que perguntar ao cozinheiro. Não sei se posso aceitar pedidos especiais. |

| Cliente: | Acabei de perceber que lhe dei o material errado para imprimir! Se eu correr no escritório e trouxer o material certo, você ainda consegue aprontar para o meio-dia? |
| FAC: | Ah, não! Vou ver o que poderemos fazer. Você consegue estar aqui em quanto tempo? |

Acentue o Lado Positivo

Em Poucas Palavras

Neste jogo, os participantes praticam "mostrar benefícios", isto é, aprendem a deixar os clientes saber como vão se beneficiar com a maneira com que os pedidos e necessidades são tratados. Este jogo é indicado para todos que trabalhem atendendo clientes e funciona melhor com um grupo de 10 a 16 participantes.

Tempo

De 10 a 15 minutos.

Do Que Você Vai Participar

Uma cópia da página 108, cortada nas linhas pontilhadas para criar cartões de jogo. Mantenha os dois tipos de cartões separados; os "procedimentos" em tipo normal vão para a Equipe A e os "benefícios" em itálico, para a Equipe B. Você também precisará de um "flip-chart" ou de um quadro branco e de canetas hidrocor.

O Que Fazer

Escreva o que segue no "flip-chart" ou no quadro branco e mantenha coberto até estar pronto para explicar o conceito aos participantes:

Para Mostrar Benefícios...

Sempre olhe os aspectos positivos das situações de atendimento ao cliente e ressalte-os para os clientes.

Leia as seguintes frases e pergunte aos participantes por que a segunda frase soa tão melhor que a primeira.

1. Você terá que vir a uma de nossas lojas para ser atendido.
2. Para manter nossos custos baixos, pedimos que venha até uma de nossas lojas para ser atendido.

Vamos experimentar fazer mais uma:

1. Não podemos dar números de identificação por telefone; é contra a nossa política.
2. Para proteger a privacidade de nossos clientes, não damos números de identificação por telefone.

Explique aos participantes que, na segunda frase de cada situação, o funcionário de atendimento ao cliente fez mais do que dizer a razão a ele. A segunda frase mostra o valor da política ou do procedimento. Esse é um importante passo para estabelecer conexão com os clientes. O benefício nem sempre é óbvio, mas quase todos os procedimentos e políticas trazem algum benefício para os clientes. Se você procurá-lo, vai achar. O ato de mostrar benefícios também pode acalmar ânimos exaltados. Note a diferença entre estas duas frases:

1. Você terá que desocupar a sua casa por dois dias, enquanto estivermos fazendo a descupinização.
2. A maioria das empresas que faz descupinização pulveriza o remédio apenas uma vez, mas nós pulverizamos três vezes. Você terá que desocupar a sua casa por dois dias, enquanto fazemos isso, mas pulverizar três vezes garante a exterminação de todos os cupins.

Diga aos participantes que agora é a vez de eles praticarem o ato mostrar benefícios. Divida o grupo em duas equipes: A e B.

Distribua os "procedimentos" (em tipo normal) para a Equipe A e os "benefícios" (em itálico) para a Equipe B. Cada integrante deve ficar só com um cartão. (Observação: há cartões suficientes para dezesseis jogadores. Se houver menos que esse número, retire alguns cartões de procedimentos e seus cartões de benefícios correspondentes.)

Diga aos participantes para circularem na sala e tentar identificar seu par, casando um procedimento com o benefício correspondente. Ao encontrar seu par, devem trabalhar juntos para formar uma frase que mostre o benefício ao cliente.

Reúna o grupo de novo e peça às duplas para lerem suas frases em voz alta.

Se Tiver Mais Tempo

Faça um debate sobre os benefícios dos procedimentos de sua empresa e peça aos participantes que escrevam algumas frases que os mostrem a seus próprios clientes. Sugerimos que crie uma lista dos métodos de sua empresa com antecedência e, depois, solicite aos integrantes que pensem nas frases que mostrem os benefícios correspondentes.

Recorte

Procedimentos	Benefícios
Você não entrega através de correio normal; só usa serviço de entrega rápida.	Isso garante que os produtos alimentícios sejam entregues frescos.
Você precisa perguntar o código postal de todos os clientes.	Isso ajuda a saber em que locais planejar a abertura de novas lojas no futuro, para que sejam convenientes para os clientes.
Você tem que perguntar o número do cartão de crédito para que a cobrança mensal seja debitada do cartão do cliente.	Isso garante que não haja qualquer atraso no recebimento de seu suprimento mensal de mercadorias.
A busca solicitada demora pelo menos cinco dias.	O serviço que você presta é a busca de livros mais minuciosa do país, com mais de 4.000 fontes de consulta.
Você não dá orçamentos por telefone.	Isso ajuda a dar um orçamento justo e correto aos clientes.
Você não envia produtos dietéticos para o cliente, antes que ele seja avaliado por um dos médicos da empresa.	Isso garante um uso seguro e saudável dos produtos.
Você não mantém estoque na loja; o estoque fica em um depósito até a entrega.	Isso mantém os custos gerais baixos e permite repassar o ganho aos clientes.
Você precisa esperar dois dias pela compensação de cheques computadorizados.	Isso acaba com as fraudes.

E Como Está o Tempo?

Em Poucas Palavras

Os participantes aprendem a perceber pistas a respeito dos clientes que podem ajudá-los a estabelecer uma forte conexão com eles. Este jogo foi elaborado para funcionários que trabalhem no atendimento ao cliente face a face e é especialmente útil para quem tem dificuldade de entabular uma conversa leve e tranqüila com os clientes.

Obs.: Este teste deve ser jogado por participantes que já conheçam o conceito de conexão.

Tempo

De 10 a 15 minutos.

Do Que Você Vai Precisar

Prepare-se para aplicar este jogo recortando em revistas fotografias de pessoas em situações do cotidiano (você precisará de 7 a 10 fotos para cada grupo de participantes). As pessoas nas fotos não devem ser famosas ou facilmente reconhecíveis. Reunindo várias publicações, você deve ser capaz de encontrar uma representação diversificada de clientes fictícios.

Dica! Guarde as fotos das revistas para usar de novo no futuro. Você pode acrescentar outras sempre que encontrar alguma delas apropriada em revistas.

O Que Fazer

Discuta rapidamente o conceito de conexão. Diga aos participantes que neste jogo vão pôr em prática a habilidade de perceber pistas a respeito dos clientes que podem ajudá-los a estabelecer uma forte conexão com eles.

Divida os participantes em grupos de dois ou três. Dê a cada grupo um conjunto de fotos de "clientes" e peça-lhes que examinem as fotos e pensem em frases que poderiam usar para entabular uma conversa leve e agradável com os clientes. Cada frase deve ter alguma relação com a fotografia. Forneça-lhes um exemplo, mostrando uma foto e sugerindo duas ou três frases que você poderia dizer ao cliente.

Por exemplo: você mostra uma foto de um homem com uma camiseta do Flamengo e com três crianças pela mão. Você poderia dizer:

- *Que idade têm seus filhos?*
- *O senhor é flamenguista?*
- *Que vitória do Flamengo no último domingo, hein?*

Depois de cerca de dez minutos, peça aos grupos que mostrem ao resto dos participantes uma ou duas fotos e as frases correspondentes.

Isso é Que é Conexão!

Em Poucas Palavras

Os participantes lêem um estudo de caso de uma interação com um cliente em que o funcionário fez um ótimo trabalho. Eles têm que identificar o que o representante da empresa fez para estabelecer uma forte conexão com o cliente. Este jogo é adequado para todos os funcionários que precisem aprender a estabelecer conexão com os clientes.

Tempo

De 10 a 15 minutos.

Do Que Você Vai Precisar

Uma cópia dos roteiros das páginas 112 e 113 para cada participante.

O Que Fazer

Dê uma cópia do roteiro da página 112 a cada um deles e peça-lhes que o leiam.

Analise o roteiro da página 113 com os participantes. Peça-lhes que trabalhem em grupos de dois ou três, a fim de analisar a situação da página 112, e ressalte os trechos que mostram o que o funcionário de atendimento ao cliente disse para estabelecer uma forte conexão com este.

Analise as respostas de cada grupo e as discuta, se necessário.

Peça aos participantes que mantenham uma cópia da página 108 em seus locais de trabalho até que tenham dominado a habilidade de estabelecer conexão.

Roteiro

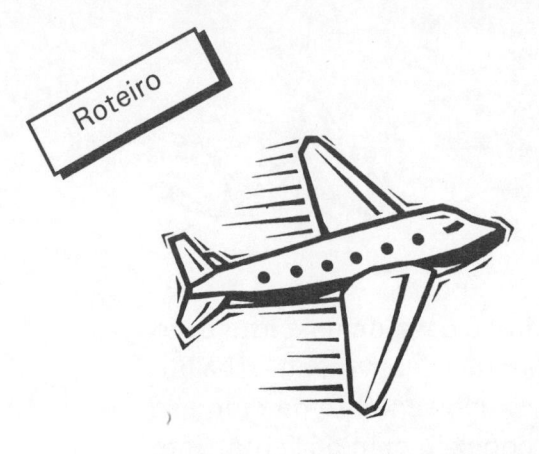

AMANDA AMÁVEL: Obrigada por ligar para a Companhia Aérea Global. Aqui é Amanda. Em que posso ajudá-lo?

TURISTA TURÍBIO: Vi um cupom de desconto no jornal de domingo para um vôo de ida e volta de São Paulo a Londres por US$700. É da Atlas Linhas Aéreas, mas gostaria de verificar a sua melhor tarifa porque sempre viajo pela Global e queria usar minhas milhas na viagem.

AMANDA AMÁVEL: Fico feliz por ter ligado e será um prazer verificar a nossa menor tarifa para Londres para o senhor. Nossa, quantas milhas! Quando pretende viajar?

TURISTA TURÍBIO: Em abril, por volta do dia 15.

AMANDA AMÁVEL: É uma ótima época para ir a Londres! Bem, se viajar domingo, segunda ou terça – que cairia no dia 16, 17 ou 18, respectivamente – e voltar também em um desses dias da semana, podemos conseguir um vôo direto para o Aeroporto de Heathrow, por US$850 ida e volta. É a nossa tarifa especial de Primavera. Gostaria que eu fizesse uma reserva? Podemos segurá-la por 24 horas, sem compromisso. Isso lhe dá tempo para pensar se essa é a melhor opção.

TURISTA TURÍBIO: US$850, é? É bem mais do que a tarifa da Atlas, mas gostaria *muito* de viajar num vôo direto. Tudo bem, vá em frente e reserve um lugar para mim. Meu nome é Jones, Turíbio Jones.

AMANDA AMÁVEL: Ótimo, espero oferecer-lhe uma boa opção. Posso fazer a reserva para o vôo da manhã, que chega a Londres à tardinha, ou pode ir no vôo noturno, que chega às 8h. Qual prefere, Sr. Jones?

Técnicas Para Estabelecimento de Conexão

Todos os funcionários que trabalham no atendimento ao cliente têm a oportunidade de estabelecer conexão em todas as interações com o cliente. Apesar de não existir qualquer fórmula "correta" para estabelecer conexão, há algumas técnicas simples que podem ser muito úteis:

1. Use o nome do cliente.
2. Diga "por favor" e "obrigado".
3. Explique as razões por dizer não.
4. Demonstre interesse pelas necessidades do cliente.
5. Demonstre empatia pelos sentimentos do cliente.
6. Faça com que o cliente conheça as opções a sua disposição.

6
Pare, Olhe e Ouça

Jogos para se concentrar nas necessidades do cliente

Arquitetos Amadores

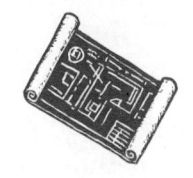

Em Poucas Palavras

Este é um jogo demorado, mas muito conhecido, em que os participantes aprendem a utilizar perguntas abertas e fechadas de forma estratégica. Seu objetivo é desenhar uma casa conforme for sendo descrita pelos colegas. É excelente para ajudar tanto funcionários novos quanto os com experiência a melhorar sua habilidade de formulação de perguntas.

Tempo

De 30 a 40 minutos.

Do Que Você Vai Precisar

Duas transparências ou duas folhas de "flip-chart" com as informações das páginas 119 e 120. Uma cópia do roteiro da "Casa A" da página 121 para metade dos participantes e uma cópia do roteiro da "Casa B" da página 122 para a outra metade. Papel em branco e canetas ou lápis.

O Que Fazer

Utilize as informações das páginas 119 e 120 para explicar a diferença entre perguntas abertas e fechadas.

Divida os participantes em duplas e explique que o objetivo do jogo é que um integrante desenhe uma casa idêntica à que será dada a seu colega. Os que estiverem desenhando podem fazer qualquer pergunta que queiram e quantas perguntas desejarem, durante cinco minutos. Os participantes que estiverem descrevendo a casa devem seguir as instruções do roteiro.

Distribua o roteiro da "Casa A" aos que forem descrever a casa; entregue uma folha de papel em branco aos que vão desenhar. Peça-lhes que se sentem com as costas encostadas uns nos outros e espalhe os participantes de maneira que, os que estiverem desenhando, não vejam as casas dos que estiverem descrevendo.

Após cinco minutos, faça com que o participante que escreveu e o que desenhou comparem as casas. Analise c jogo por meio de perguntas. Enfatize que perguntas abertas tendem a solicitar mais informações gerais do que perguntas fechadas.

Faça com que as duplas troquem de papéis. Distribua o roteiro da "Casa B" aos participantes que forem descrever a casa; entregue uma folha de papel em branco aos que vão desenhar.

Depois de cinco minutos, faça com que o participante que descreveu e o que desenhou comparem as casas e analise o jogo por meio de perguntas.

Perguntas Para Discussão

P: Que tipo de pergunta funciona melhor quando você precisa obter informações?

R: Uma combinação. Perguntas abertas propiciam a obtenção de informações iniciais, mas quando é necessário conseguir informações mais específicas, é preciso utilizar perguntas fechadas.

Se Sobrar Tempo

Elabore uma lista de perguntas abertas e fechadas que os participantes podem utilizar para obter informações de seus clientes, a fim de ajudá-los a compreender e atender às necessidades do cliente.

Resumo

Perguntas Abertas

- Solicitam mais do que um "sim" ou um "não" ou do que outras respostas de uma palavra.
- Direcionadas para fazer com que a pessoa fale.
- Úteis quando se quer obter informações gerais.
- Comandos comuns são: o que, como e por que.

Resumo

Perguntas Fechadas

- Solicitam um "sim" ou um "não" ou outras respostas de uma palavra.
- Direcionadas para limitar a conversa ou controlar o rumo da conversa.
- Úteis quando se quer obter informações específicas.
- Comandos comuns são: quem, quando, foi, o qual, seria, são, consegue, tem, faz, é, será e pode.

Roteiro

Casa "A"

Responda às perguntas a respeito da casa conforme for sendo questionado. Se o seu colega fizer uma pergunta aberta, descreva várias características da casa. Se ele fizer uma pergunta fechada, responda somente com um "sim", um "não", ou com uma resposta curta. Não dê informações que não lhe sejam solicitadas.

Roteiro

Casa "B"

Responda às perguntas a respeito da casa conforme for sendo questionado. Se o seu colega fizer uma pergunta aberta, descreva várias características da casa. Se ele fizer uma pergunta fechada, responda somente com um "sim", um "não", ou com uma resposta curta. Não dê informações que não lhe sejam solicitadas.

Escute Bem!

Em Poucas Palavras

Nesta atividade, os participantes avaliam suas próprias habilidades de escuta. Ela é apropriada para iniciar o treinamento em habilidades de escuta de funcionários inexperientes. Também é própria como auto-avaliação para relembrar aos funcionários com experiência a importância de escutar o cliente e como forma de identificar áreas que precisam ser melhoradas.

Tempo

De 5 a 10 minutos

Do Que Você Vai Precisar

Uma cópia dos roteiros das páginas 124 e 125 para cada participante.

O Que Fazer

Dê os dois roteiros para cada participante e cinco minutos para terminar as avaliações.

Peça aos participantes para escolher um aspecto da escuta a fim de se concentrarem durante a semana seguinte.

Roteiro

Escute Bem!

Algumas pessoas são bons ouvintes, enquanto outras não. A maioria de nós se encaixa entre as duas categorias — somos bons ouvintes em algumas situações, com algumas pessoas, quando discutimos certos assuntos. Reserve uns minutos agora para avaliar suas habilidades de escuta. Que nota você acredita que as seguintes pessoas dariam a você — numa escala de 1 a 5 — como ouvinte? (5 = melhor nota).

Você mesmo   _____
Seus clientes   _____
Seu chefe   _____
Seus colegas de trabalho _____
Seu melhor amigo   _____

Agora, some os resultados e marque o total na linha de escuta.

_____
5   10   15   20   25
Brick Wall...The Human Ear

Roteiro

Escute Bem!

Analise a seguinte lista de hábitos fracos de escuta e marque cada um com um "F" (freqüentemente); "A" (às vezes); ou "R" (raramente), de acordo com a freqüência com que exibe a tendência:

____ Finjo que estou prestando atenção quando minha mente está em outro lugar.

____ Corto a pessoas ou termino suas frases porque sei o que vão dizer.

____ Quando alguém está falando comigo, olho em volta da sala para ver o que mais está acontecendo.

____ Mexo nos papéis da minha mesa ou começo a fazer alguma outra tarefa quando alguém fala por tempo demais ou devagar demais.

____ Quando uma pessoa fala rápido demais ou usa palavras que não compreendo, deixo que continue e escuto somente o que entendo.

O que você pode fazer na próxima semana para melhorar suas habilidades de escuta?

_____
_____
_____

Barreiras à Escuta

Em Poucas Palavras

Neste jogo, os participantes trabalham juntos para desenvolver maneiras de superar barreiras comuns à escuta, sejam elas provenientes do ambiente, do cliente ou do participante. É adequado para funcionários de todos os níveis de experiência.

Tempo

De 15 a 20 minutos.

Do Que Você Vai Precisar

Uma cópia dos roteiros das páginas 128 e 129 para cada grupo de participantes.

O Que Fazer

Distribua o roteiro e peça aos participantes para trabalharem em grupos de três ou quatro, a fim de identificar maneiras de superar essas barreiras comuns à escuta.

Roteiro

Barreiras à Escuta

Ser um bom ouvinte significa ser capaz de identificar e superar barreiras. Analise as seguintes barreiras à escuta e pense no que faria para superá-las. Por exemplo, se a ligação telefônica está péssima, você poderia superar esse obstáculo ligando de volta para o cliente.

Ambiente de trabalho barulhento _____
_____
_____

Distrações visuais _____
_____
_____

Cansaço
_____
_____
_____

O cliente fala rápido demais ou tem sotaque _____
_____
_____

(Página 2)

O cliente fala demais ou muito devagar _____

_____

_____

A comunicação não está clara, está mal-organizada ou inclui termos desconhecidos _____

_____

_____

Expectativas quanto à comunicação (por exemplo, você pensa que sabe o que a outra pessoa vai dizer)

_____

_____

_____

Estresse ou agitação mental _____

_____

_____

O cliente utiliza palavras ou frases carregadas de emoção

_____

_____

_____

Roteiro

Passando Adiante

Em Poucas Palavras

Este jogo é uma variação do "Passe adiante", que todos já jogaram pelo menos uma vez. O que muda é que os participantes fazem o jogo duas vezes, sendo que na segunda, usam frases de confirmação para repetir o que ouviram, antes de passar adiante. Esta atividade enfatiza a importância de se confirmarem as informações dadas pelos clientes, o que, por sua vez, elimina erros e aumenta sua satisfação. É um jogo ideal para todos aqueles que têm de interpretar ou dar informações complexas.

Tempo

De 10 a 15 minutos.

Do Que Você Vai Precisar

Antes da atividade, faça um cópia das "mensagens" da página 134 para cada grupo de participantes. Recorte cada cópia a fim de obter quatro pedaços de papel, cada um com uma mensagem escrita.

    Você também precisará copiar o "Confirmando se Entendeu" (página 135) em uma transparência, "flip-chart" ou quadro branco.

O Que Fazer

Divida os participantes em grupos de quatro ou cinco pessoas e faça com que cada grupo se sente em um pequeno círculo, de frente uns para os outros. Diga-lhes que passarão, oralmente, uma mensagem a seus colegas. Leia as seguintes regras:

1. Você só pode falar a mensagem uma vez.
2. Você tem que sussurrar a mensagem no ouvido da pessoa a sua esquerda. Ninguém mais no grupo deve conseguir escutar a mensagem até que seja sussurrada em seu próprio ouvido.
3. Depois de escutar a mensagem, você deve repeti-la exatamente como entendeu.
4. A última pessoa do grupo a escutar a mensagem deve dizê-la em voz alta para que o grupo possa compará-la com a mensagem original.

Escolha um integrante de cada grupo para começar e dê a essa pessoa um dos pedaços de papel. Todos os grupos devem pegar a mesma mensagem a cada vez.

Cada grupo deve jogar duas vezes (com mensagens diferentes), antes de passar para o próximo estágio. Depois de terem jogado duas vezes, rapidamente passe para o "Confirmando se Entendeu" e solicite que alguns voluntários dêem exemplos de confirmação.

Peça aos grupos para jogarem mais duas vezes, utilizando as duas mensagens restantes. Dessa vez, cada participante deve usar a frase de confirmação para se certificar de que entendeu a mensagem certa antes de passar adiante.

Durante esse estágio, o jogo fica um pouco mais complicado. Os participantes devem seguir estas regras:

1. Fale a mensagem como se fosse o cliente, usando uma frase que comece por "Eu...".
2. Ao confirmar, siga os passos usando uma frase que comece por "Você...". Então passe a mensagem exatamente como a ouviu ("Eu...").

Os participantes devem sussurrar a frase de confirmação no ouvido da pessoa que transmitiu a mensagem.

Depois de confirmar que entenderam, corretamente, devem passar adiante.

Perguntas Para Discussão

P: Que diferenças você notou ao usar as frases de confirmação?

R: *Um nível maior de exatidão.*

P: É necessário confirmar cada solicitação do cliente?

R: *Não. Solicitações simples e diretas não precisam ser confirmadas.*

P: Por que você deve confirmar se entendeu antes de atender à solicitação do cliente?

R: *Isso garante a existência de um número menor de erros e mostra aos clientes que você está empenhado em fazer o certo. Também dá chance a eles de se certificar de que disseram o que pretendiam dizer.*

Recorte

Mensagem Um

Vou sair de férias de 2 de julho a 4 de agosto e gostaria de pedir que parem de entregar o jornal durante esse período. Também queria pedir a entrega antecipada do jornal de domingo; acho que existe a possibilidade de receber o jornal de domingo no sábado de noite.

Mensagem Dois

Quero transformar a minha conta individual em conta conjunta e gostaria de obter algumas informações sobre novas possibilidades de pequenos empréstimos comerciais. Qual é a taxa de curto prazo para empréstimos abaixo de vinte mil reais?

Mensagem Três

Estou interessado em trazer um grupo ao museu no dia 6 de julho. São dez crianças, três idosos e quatro adultos acima de dezoito anos, sendo que um deles é estudante. O que seria mais vantajoso: ir com meia-entrada para o estudante e os idosos ou com desconto para grupo?

Mensagem Quatro

Quero encomendar duas dúzias de rosas, que serão enviadas para dois endereços diferentes. Uma dúzia é para minha mãe, em Araçatuba, e a outra é para minha irmã, em Campinas. Quero ter a certeza de que irão bem bonitas — rosas chá para minha mãe e brancas para minha irmã.

Confirmando se Entendeu

Roteiro

Passo 1 Use uma frase de confirmação.

    Deixe-me confirmar...

    Deixe-me ter certeza de que entendi o seu pedido...

    Então o senhor quer...

    Só gostaria de confirmar que...

Passo 2 Resuma os fatos-chave.

    O senhor quer comparar benefícios de internação hospitalar.

    O senhor gostaria de saber se há disponibilidade de lugares na platéia.

    A sua entrega não chegou.

Passo 3 Pergunte se entendeu bem.

    Entendi certo?

    Está correto?

    Entendi corretamente?

    Certo?

    É isso mesmo?

Passo 4 Esclareça mal-entendidos (se necessário).

O Que, Hein? |????|

Em Poucas Palavras

Esta atividade ensina aos participantes a confirmar se entenderam a frase ou a solicitação do cliente. É bom aplicá-la se seus funcionários, com freqüência, tomam medidas sem entender totalmente a situação dele.

Tempo

De 10 a 15 minutos

Do Que Você Vai Precisar

Uma cópia do roteiro da página 135 para cada participante. Papel em branco para tomar nota.

O Que Fazer

Analise os passos para confirmar o entendimento, contidos no roteiro da página 135.

Distribua uma folha de papel em branco a cada participante. Diga-lhes que você lerá algumas falas de clientes. A tarefa deles é tomar nota dos fatos-chave que ouvirem e, depois, usar os quatro passos de confirmação relacionados no roteiro, para confirmar se entenderam a sua fala. Quando tiverem uma frase de confirmação pronta, devem ficar de pé.

Leia as seguintes falas e peça aos primeiros participantes que fiquem de pé para ler suas frases de confirmação. Recompense-os com balas ou outros pequenos prêmios.

1. Estou interessado em trazer um grupo ao zoológico em 10 de abril. Serão dez crianças, quatro adultos acima de

dezoito anos e quatro idosos. Dois dos adultos são estudantes. Vocês têm descontos especiais para estudantes e idosos? Ou descontos para grupos?

2. Comprei um software de vocês no Natal, mas não funciona. Bem, funciona, mas, agora, o relógio do meu computador enguiçou e a agenda não sinaliza meus compromissos. Não sei o que devo fazer.

3. Eu morei em Curitiba até o fim de outubro, quando me aposentei. Vim morar em Salvador com meu filho por causa do clima e da minha asma. O médico daqui suspendeu o remédio e a asma melhorou muito. Depois, mandei o recibo de pagamento para Curitiba. Eles devolveram, dizendo que tenho de enviar para vocês, em Salvador. Então, quero saber para onde devo mandá-lo e se preciso pedir uma nova carteirinha para usar aqui. Estou me sentindo bem melhor, mas quero saber se minha apólice vai ser alterada no ano que vem.

4. Tenho uma conta corrente e uma conta de poupança no seu banco, há alguns anos. Acabei de fazer 55 anos e queria saber se agora poderia ter uma Conta Ouro Terceira Idade ou se devo continuar com a minha conta comum. Na verdade, minha mulher acha que deveríamos deixar de ser correntistas do banco. Não temos direito a muitos talões de cheques por mês.

5. Queria participar de dois cursos de extensão universitária: "Como Iniciar seu Próprio Negócio" e "Dez Semanas para se Tornar um Pai Melhor". Quando começam?

Peça aos participantes que coloquem uma cópia do resumo perto de sua mesa de trabalho, até terem dominado essa habilidade.

Se Tiver Mais Tempo

Divida os participantes em duplas. Um deles elaborará uma fala complexa, que será utilizada na tarefa; o outro, exercitará a confirmação de seu entendimento. Depois, faça com que troquem de papéis e joguem de novo.

7
O Céu é o Limite

Maneiras criativas de personalizar seu atendimento

Se Eu Puder Ajudar

Em Poucas Palavras

Duplas competem num concurso de brincadeiras a fim de pensarem em idéias para promover seus produtos e agradar aos clientes. Este jogo tem por objetivo fazer com que os participantes pensem de maneira criativa a respeito das muitas formas de atender os clientes e na ligação entre clientes felizes e negócio lucrativo. O concurso funciona melhor com seis a oito duplas e é indicado para todos os funcionários do atendimento.

Tempo

De 15 a 20 minutos.

Do Que Você Vai Precisar

Faça uma cópia dos negócios fictícios das páginas 145 e 146. Recorte as folhas de forma a ter vários pedaços de papel, cada um com um negócio. Você também precisará de um chapéu, um pote ou uma cesta para pôr os pedaços de papel, a fim de que os participantes possam tirá-los aleatoriamente.

O Que Fazer

Diga aos participantes que vão participar de um Concurso de Atendimento Criativo, patrocinado pela associação comercial da comunidade local. A eles será designado um negócio fictício para representarem, trabalhando em duplas, a fim de pensar em uma idéia para o concurso.

    O objetivo do concurso é pensar em uma idéia que promova o negócio e ofereça algo de especial para os clientes. Encoraje os participantes a serem o mais criativos possível ao pensar nas idéias. Não há restrições orçamentárias, mas os gastos devem ser "razoáveis". As idéias devem estar relacionadas com o negócio; por exemplo, uma mercearia não pode vender bichos de pelúcia.

Partilhe o seguinte exemplo com os participantes para lhes dar uma idéia de como o jogo funciona.

Denominação da empresa: Banco Milênio

Ramo de negócios: Banco

Idéia: Não cobraremos tarifas bancárias para o resto da vida da pessoa, a cada 2.000 clientes que abrir uma conta corrente ou de poupança no Milênio.

Organize as duplas e peça a um representante de cada dupla para tirar um pedaço de papel do "chapéu". Dê dez minutos aos participantes para que pensem nas idéias e, depois, circule pela sala, pedindo a cada dupla que anuncie seu negócio e sua idéia. Então, faça uma votação para ver quem vai ganhar o concurso.

Se Tiver Mais Tempo

Depois da atividade, você pode pedir às duplas para pensarem em idéias criativas, visando à promoção de seus próprios produtos ou serviços aos clientes.

Recorte

Denominação da empresa: *O Jogo da Vida*
Ramo de negócios: *Loja de material esportivo*
Idéia: _____
_____
_____

Denominação da empresa: *Quo Vadis?*
Ramo de negócios: *Transporte de passageiros em aeroportos*
Idéia: _____
_____
_____

Denominação da empresa: *Árvore Caída*
Ramo de negócios: loja de material para marcenaria
Idéia: _____
_____
_____

Denominação da empresa: *A Bela e a Fera*
Ramo de negócios: *cabeleireiro unissex*
Idéia: _____
_____
_____

Recorte

Denominação da empresa: *Conte comigo*
Ramo de negócios: *serviços de telefone celular*
Idéia: _____
_____
_____

Denominação da empresa: *Página Um*
Ramo de negócios: *livraria*
Idéia: _____
_____
_____

Denominação da empresa: *Bem-me-quer*
Ramo de negócios: *florista*
Idéia:_____
_____
_____

Denominação da empresa: *Jardim Zoológico da Cidade*
Ramo de negócios: *um dos maiores zoológicos do país*
Idéia: _____
_____
_____

O Debate do Ótimo Atendimento

Em Poucas Palavras

Este é um jogo animado no qual a turma é dividida em duas equipes que devem debater entre si, visando a achar a melhor solução para uma situação difícil com um cliente. É mais indicado para funcionários que, reconhecidamente, sabem travar debates profissionais e inteligentes.

Tempo

De 15 a 20 minutos.

Do Que Você Vai Precisar

Duas cópias do roteiro da página 149. Os participantes precisarão de papel e caneta. Você precisará de um "flip-chart" e de canetas hidrocor.

O Que Fazer

Divida a turma em duas equipes de tamanho igual. Diga-lhes para analisarem uma situação de atendimento ao cliente e, depois, promova um debate para determinar que medida deve ser tomada pelo representante de atendimento ao cliente.

Dê a cada equipe uma cópia do roteiro e designe a elas uma posição a defender. Dê-lhes alguns minutos para discutir sua posição e eleger um relator. Em seguida, inicie o debate.

Conforme o debate for se desenrolando, você pode escrever os "prós" da posição de cada um dos lados num "flip-chart" ou quadro branco, dividido em duas colunas. O objetivo desse debate não é encontrar um vencedor, mas, sim fazer com que a turma examine e discuta uma variedade diversificada de questões relativas ao atendimento.

Perguntas Para Discussão

P: O que você aprendeu com o debate?

P: Quantos de vocês representaram uma posição que não teriam escolhido caso tivessem a opção?

P: Como uma situação semelhante seria resolvida se acontecesse aqui na sua empresa?

Se Tiver Mais Tempo

Promova um segundo debate; dessa vez, concentrando-se numa situação de atendimento ao cliente que os participantes possam ter de encarar em seus próprios trabalhos.

Roteiro

Você trabalha na Fábrica de Componentes Deixa-Comigo como representante de atendimento ao cliente. Sua empresa está enfrentando uma redução na produção de componentes e estabeleceu um limite temporário para as vendas: 2.000 componentes por cliente, semanalmente. Um belo dia, você atende à ligação de Álvaro Alberti, da Suprimentos do Sudeste. Trata-se de um cliente antigo que costuma pedir 4.000 componentes por semana. Quando você fala a respeito do limite temporário nas vendas de componentes, ele diz que ou vai comprar 4.000 por semana da sua empresa ou 4.000 da empresa concorrente, Fábrica de Componentes Tá-na-Mão. Argumente a favor da posição da sua equipe, independentemente do que faria se estivesse enfrentando a situação em seu próprio trabalho.

Equipe A: Sua posição é de que a fábrica deve abrir uma exceção para o Sr. Alberti e concordar em vender 4.000 componentes por semana.

Equipe B: Sua posição é de que o Sr. Alberti não deve receber mais do que a quota determinada de componentes.

Regras Para o Debate:

1. Todos os integrantes da sua equipe devem participar da discussão da equipe.
2. Designe um relator para argumentar a favor da sua posição.
3. Você terá cinco minutos para discutir sua posição e pensar numa lista de razões para apoiá-la. Depois, terá dois minutos para dizer por que a posição da sua equipe é a melhor.

4. Depois que cada lado houver falado, sua equipe terá dois minutos para pensar em réplicas para o argumento de seus oponentes. Depois, um minuto para verbalizar sua réplica, e o debate termina.

Fala-se Em Atendimento Aqui

Em Poucas Palavras

Nesta atividade, os participantes pensam em idéias criativas para atender seus clientes. Esta é mais bem aproveitada depois que compreendem o significado do conceito de atendimento ao cliente.

Tempo

De 10 a 15 minutos.

Do Que Você Vai Precisar

Um "flip-chart" ou quadro branco e caneta hidrocor. Papel em branco.

O Que Fazer

Arrume os participantes em grupos de três ou quatro. Diga-lhes para imaginar que foram eles que definiram as regras relativas ao que poderia ser feito pelos seus clientes. Pergunte-lhes que medidas — pequenas ou grandes — poderiam tomar para atender melhor os clientes.

Peça-lhes para serem específicos, por exemplo, em vez de dizer "Não os deixaria esperando ao telefone por tanto tempo", devem dizer "Garantiria um tempo de espera ao telefone de no máximo dois minutos".

Dê a cada grupo uma folha de papel em branco para que anotem seus pensamentos.

Depois de cinco minutos, peça-lhes que relatem os resultados de sua discussão. Relacione as respostas no "flip-chart" ou no quadro branco.

Determine que idéias podem ser implementadas imediatamente e peça aos participantes para colocá-las em prática. Para as idéias que exijam pesquisa adicional e/ou aprovação da gerência, faça uma lista para análise junto à gerência. Certifique-se de que os participantes estejam informados das conseqüências.

Quero Ser Eu Mesmo

Em Poucas Palavras

Nesta atividade, os participantes examinam suas próprias preferências nas interações comerciais e comparam-nas com as de seus clientes. O objetivo é fazer com que os participantes aprendam que é fácil personalizar o atendimento aos clientes. Esta atividade é adequada para funcionários de atendimento de todos os níveis de experiência.

Tempo

De 20 a 30 minutos.

Do Que Você Vai Precisar

Uma cópia do resumo da página 155. Uma cópia do roteiro da página 156 para cada participante.

O Que Fazer

Analise o resumo. Explique que algumas pessoas são mais orientadas para relacionamentos e outras para tarefas; algumas pessoas preferem conhecer pessoas socializando-se com elas e outras, trabalhando em um projeto com elas. Peça aos participantes que façam, mentalmente, uma marca no eixo do *y* referente ao lugar em que se posicionam nessa linha.

Depois, explique que algumas pessoas têm um ritmo rápido e outras, lento; algumas pessoas se movimentam, falam e tomam decisões rapidamente, enquanto outras se movimentam e falam mais devagar e são mais analíticas ou cautelosas ao tomar uma decisão. Peça aos participantes que façam, mentalmente, uma marca no eixo do *x* referente ao lugar em que se posicionam nessa linha. Depois, faça com que se posicionem em um quadrante, com base nas duas marcas.

Peça-lhes para pensar em alguém com quem se dão muito bem e determinar a que quadrante essa pessoa pertence; depois, que façam o mesmo com alguém que considerem difícil. Discuta os resultados.

Distribua o roteiro e dê aos participantes alguns minutos para analisá-lo. Explique que não existe um quadrante certo ou um errado; cada quadrante tem seus aspectos positivos e negativos. Enfatize que o problema surge quando uma pessoa de um quadrante realiza uma operação comercial com uma de um outro quadrante, especialmente se as pessoas estão em quadrantes diametralmente opostos.

Por exemplo: um cliente do Q1 pode sentir que um representante de atendimento do Q3 não está escutando e é abrupto e até rude — só porque o representante do Q3 vai direto ao assunto e faz perguntas rápidas e certeiras.

Peça aos participantes que pensem em cinco de seus clientes e decidam de que forma podem mudar a maneira como interagem com esses clientes, a fim de prestar um atendimento mais personalizado.

Resumo

Orientado para Relacionamentos

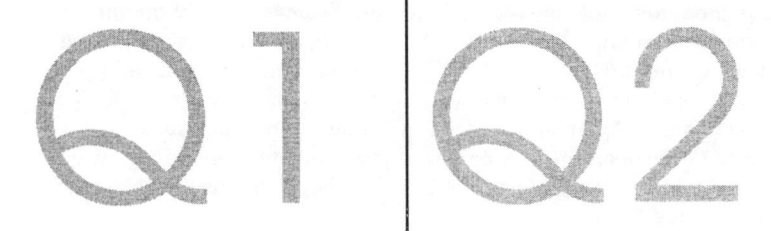

Q1	Q2

Ritmo Lento   Ritmo Rápido

Q4	Q3

Orientados para Tarefas

Orientado para Relacionamentos

- Gosta de falar sobre sua família, seus amigos, suas atividades e outras informações pessoais.
- Gosta de que você não tenha pressa em desenvolver um relacionamento pessoal ou uma "amizade" comercial.
- Gosta de receber informações verbalmente — de preferência face a face.
- Não gosta de ser pressionado a tomar decisões rápidas.

- Gosta de contar histórias baseadas em sua experiência pessoal.
- Não terá pressa em desenvolver uma relação pessoal ou uma "amizade" comercial com você.
- Não quer muitos detalhes — só fatos-chave.
- Tende a tomar decisões rapidamente, com base, em grande parte, nos relacionamentos pessoais.

Ritmo	Ritmo
Lento	Rápido

- Prefere falar sobre a situação do negócio em questão em vez de "jogar conversa fora".
- Gosta de estar apoiado em muitos dados.
- Não gosta de ser pressionado a tomar decisões rápidas.
- Tende a analisar todos os detalhes antes de tomar uma decisão.

- Gosta de passar rapidamente ao assunto comercial.
- Está mais interessado em que você faça logo o trabalho do que em se tornar seu amigo.
- Pode fazer muitas perguntas; você se sente como se estivesse sendo sabatinado.
- Tende a tomar decisões rapidamente com base nos fatos. Gosta de resumos escritos dos pontos-chave.

Orientados para Tarefas

Leve Para o Lado Pessoal

Em Poucas Palavras

Este jogo serve como um "passe de mágica" para fazer os participantes perceberem que há literalmente, centenas de maneiras de prestar um bom atendimento aos clientes. Cada participante utiliza as letras de seu nome, visando a inspirar ações orientadas para o atendimento. É uma atividade divertida para ser usada como um energizante ou aquecimento para uma sessão de treinamento de atendimento ao cliente mais intensa.

Tempo

Dez minutos.

Do Que Você Vai Precisar

Cada participante precisará de um pedaço de papel e uma caneta. Você precisará de um "flip-chart" ou um quadro branco e de canetas hidrocor.

O Que Fazer

Peça a cada participante para escrever o nome na vertical, no centro da folha de papel. Demonstre escrevendo o seguinte nome no "flip-chart" ou no quadro branco.

M
A
R
I
A

Diga aos participantes que agora a tarefa é usar cada letra de seus nomes para fazer surgir uma medida que podem tomar a fim de prestar um ótimo serviço a seus clientes. Cada letra de seus nomes deve iniciar uma palavra na frase relativa à medida a ser tomada, mas não necessariamente tem de ser a primeira palavra da frase. As medidas podem dar origem a frases afirmativas ou negativas.

Estar **M**otivado para atender.

Acrescentar valor ao relacionamento.

Respeitar as necessidades dos clientes.

Interrogar se há algo mais que possa ser feito.

Não **A**limentar falsas esperanças nos clientes.

Encoraje os participantes a se divertirem com esta atividade e a serem o mais criativos possível. Quase tudo funciona!

Depois de sete ou oito minutos, peça a alguns voluntários para partilharem seus resultados. Enfatize aos participantes que há centenas, e até mesmo milhares, de maneiras de prestar um ótimo serviço a seus clientes.

Dica! Se os participantes gostarem dos resultados da atividade, podem afixá-los em suas áreas de trabalho.

8

Quando a Coisa Fica Difícil

Jogos para lidar com clientes difíceis

Declaração de Direitos

Em Poucas Palavras

Neste jogo, os participantes trabalham juntos para pensar nas necessidades especiais dos clientes aborrecidos ou insatisfeitos. O objetivo é criar uma Declaração de Direitos para esses clientes. Este jogo é indicado para todos os funcionários que lidam com clientes aborrecidos e insatisfeitos.

Tempo

Quinze minutos

Do Que Você Vai Precisar

Os participantes precisarão de papel e caneta. Você precisará de um "flip-chart" ou de um quadro em branco e de canetas hidrocor.

O Que Fazer

Lembre aos participantes que existem muitas razões para que um cliente fique insatisfeito, mas qualquer que seja a razão, a postura e as habilidades do funcionário são de importância capital para reverter a situação. Estudos têm mostrado que se clientes aborrecidos são tratados com justiça, é muito provável que continuem a fazer negócios com a empresa.

Clientes insatisfeitos com um atendimento ou produto têm as mesmas necessidades de outros — empatia, respeito, cortesia etc. —, mas precisam também receber um tratamento especial extra. Diga aos participantes que neste jogo vão pensar nas necessidades especiais dos clientes aborrecidos ou insatisfeitos com um atendimento ou um produto que a empresa fornece. Pense nisso como em uma Declaração de Direitos para clientes insatisfeitos.

Divida os participantes em grupos de dois ou três e peça-lhes para discutir suas próprias experiências com clientes aborrecidos e pensar em algumas idéias para a Declaração de Direitos. Após cerca de dez minutos, pergunte aos grupos que idéias surgiram e relacione-as no "flip-chart" ou no quadro branco. As respostas variarão, porém, esteja certo de que os participantes vão bater nos seguintes pontos com relação às necessidades dos clientes insatisfeitos:

- Precisam ser levados a sério.
- Precisam ser ouvidos e compreendidos.
- Precisam ser respeitados, sem condescendência.
- É necessário que sejam tomadas medidas imediatas.
- Precisam ter a garantia de que o problema não ocorrerá novamente.

Lembre aos participantes que essa cortesia pode ser demonstrada ao cliente através do tom de voz, das ações e da postura em geral.

Dica! Você pode querer criar uma versão com aparência profissional da "Declaração de Direitos de Clientes Aborrecidos", para os participantes afixarem em seus locais de trabalho.

Atender é Nem Sempre Ter Que Pedir Perdão

Em Poucas Palavras

Os participantes decidem quando se desculpar e quando simplesmente reconhecer os sentimentos dos clientes. Também se exercitam usando as frases corretas para responder aos clientes em situações difíceis.

Este jogo promove a política de que não é necessário pedir desculpas automaticamente a clientes aborrecidos ou descontentes. Se a política da sua empresa é diferente, esse pode não ser um jogo indicado para o seu grupo.

Tempo

De 15 a 20 minutos.

Do Que Você Vai Precisar

Alguns pedaços de cartolina ou cortiça vermelha e verde, cortada em pedaços, do tamanho aproximado de um dedo indicador. Cada participante precisará de um cartão vermelho e outro verde. Um "flip-chart" e canetas hidrocor.

O Que Fazer

Oriente os participantes que vão exercitar duas habilidades que fazem parte integrante do papel do atendente ao cliente, principalmente quando estão tratando com clientes aborrecidos e descontentes. Eles vão exercitar a capacidade de reconhecer os sentimentos dos clientes e de lhes pedir desculpas quando a empresa está errada.

Diga aos participantes por que é importante reconhecer os sentimentos de clientes aborrecidos. Depois, peça alguns exemplos do que diriam para reconhecer esses sentimentos. Escreva essas frases no "flip-chart" ou no quadro branco. A seguir, encontram-se algumas frases mais comumente usadas:

Posso perceber o que está dizendo.

Posso ver como o senhor está chateado.

Ficaria chateado também.

Posso perceber que o senhor está irritado.

Compreendo sua preocupação.

Depois, pergunte-lhes quando sentem que é necessário pedir desculpas aos clientes. O senso comum diz que se devem pedir desculpas quando você ou sua empresa está errado(a), mas não quando o cliente está aborrecido por alguma outra razão. Por exemplo: se um cliente encomendou um vestido do tamanho errado, você não teria de se desculpar; mas se ele encomendou um vestido do tamanho certo e a empresa mandou um do tamanho errado, então você deve pedir desculpas.

Peça alguns exemplos de como os participantes poderiam pedir desculpas aos clientes. Escreva essas frases em outra folha do "flip-chart".

A seguir, algumas desculpas padrão:

Desculpe o erro.

Sinto muito.

Sentimos muito pela confusão.

Estávamos errados.

Agora, distribua os cartões vermelhos e verdes e diga aos participantes que lerá em voz alta algumas frases de clientes e que eles terão de levantar o cartão vermelho ou o verde. O vermelho significa pedir desculpas e o verde, somente reconhecer os sentimentos dos clientes. Mencione aos participantes que normalmente um pedido de desculpas inclui um reconhecimento de sentimentos.

Leia em voz alta cada fala dos clientes e diga aos participantes que levantem os cartões. Depois de cada fala, escolha um participante para dar exemplo de frase de reconhecimento de sentimentos ou de pedido de desculpas que usaria nessa situação.

Nota: Podem surgir alguns desacordos entre o que os participantes fariam em algumas situações. Isso é natural: não há respostas totalmente certas ou totalmente erradas. Se eles se dividirem nas opiniões, peça um exemplo tanto de reconhecimento de sentimentos quanto de pedido de desculpas.

Se Tiver Mais Tempo

Pergunte-lhes quais são as reclamações mais comuns de clientes que recebem e peça que pensem em frases de reconhecimento de sentimentos ou de pedido de desculpas, conforme apropriado.

Falas de Clientes Insatisfeitos

1. Já me transferiram de ramal várias vezes. Acho que vocês estão me embromando.

    Entendo o seu aborrecimento. O que posso fazer para ser útil?

2. Acabei de falar com um rapaz que foi muito petulante comigo quando contei o meu problema com a coleira de cachorro de pedrarias que encomendei.

    Sinto muito pelo fato de a senhora ter sido tratada dessa maneira e posso entender por que está tão aborrecida.

3. Bem, imaginei que a sua empresa daria meu dinheiro de volta se não ficasse satisfeita. Ninguém me disse que não.

Percebo a sua irritação, Sra. Cordeiro.

4. Estou esperando há cinco semanas pelo meu catálogo e, quando telefonei, pela primeira vez, me disseram que receberia em dez dias.

    Sinto muito pelo atraso. Sei como isso é frustrante.

5. Os preços de vocês são altos demais para mim! Sou aposentado e minha pensão não tem reajuste.

    Percebo bem sua necessidade de economizar dinheiro.

6. Minha pasta chegou com o monograma errado!

    Ah, não! Desculpe o engano.

7. Na conta, consta que o atendimento hospitalar de emergência custou R$1.400. Só fiquei lá uma hora!

    Entendo a sua preocupação. Despesas médicas são quase sempre muito altas.

8. Quero devolver esse programa. Meu computador não tem espaço bastante no disco rígido para ele.

    Que decepção!

Pêra, Uva, Maçã

Em Poucas Palavras

Neste jogo, os participantes trabalham juntos para identificar e priorizar os desafios que enfrentam em seu trabalho. É útil para acalmar queixas e reconhecer os problemas enfrentados pelos seus funcionários. Este jogo é indicado para todos os funcionários.

Tempo

De 10 a 15 minutos.

Do Que Você Vai Precisar

Desenhe uma árvore grande em um "flip-chart" ou quadro branco. Usando cartolinas coloridas, corte várias maçãs vermelhas, pêras amarelas e uvas roxas. (Cada "fruta" deve ter aproximadamente seis centímetros de diâmetro.) Você também precisará de fita adesiva.

O Que Fazer

Divida os participantes em grupos de três ou quatro e dê a cada grupo algumas unidades de cada tipo de fruta. Peça-lhes para discutir os vários desafios que enfrentam como funcionários de atendimento ao cliente e escolher três desafios. Depois, devem escolher uma fruta com a qual descrever cada desafio. As maçãs são para desafios críticos; uvas, para desafios significativos e pêras, para desafios menores. Podem usar a fruta que quiser e não podem descrever mais do que três desafios. Dê aos integrantes cerca de cinco minutos para fazer isso. Depois, peça-lhes que prendam as frutas na árvore com fita adesiva.

Em seguida, leia os desafios em voz alta e use uma folha em branco do "flip-chart" para listar os desafios, em ordem de prioridade (maçãs primeiro, depois uvas e, por último, pêras). Se a um desafio forem dadas diferentes prioridades, coloque-o na posição mais crítica. Pergunte aos participantes se a lista reflete com exatidão sua visão de como os desafios do departamento devem ser priorizados.

Nota: O objetivo desse jogo é identificar desafios. O próximo passo é estabelecer um plano para superá-los. Certifique-se de que os participantes sabem como você planeja encarar os problemas que eles identificaram.

Descendo a Escada

Em Poucas Palavras

Os participantes trabalham juntos para pensar em idéias de como evitar que desafios menores aumentem de proporção. O objetivo é fazer com que a figura desça a escada chamando a atenção para os desafios representados em cada degrau. Este jogo é útil para todos que normalmente enfrentam desafios — tanto os simples quanto os complexos — em suas interações com os clientes.

Tempo

10 minutos.

Do Que Você Vai Precisar

Desenhe uma escada de sete degraus (vista de lado) num "flip-chart" ou quadro branco. Usando papel ou cartolina colorida, corte a figura de uma pessoa e coloque-a no alto da escada. (Coloque um pedaço de fita adesiva atrás para que ela possa ser movida para baixo na escada.)

O Que Fazer

Divida os participantes em duplas ou em pequenos grupos e diga-lhes que o objetivo deste jogo é fazer com que surjam rapidamente soluções para desafios comuns no serviço de atendimento ao cliente. A cada degrau, você perguntará como responderiam a uma situação de atendimento ao cliente potencialmente desafiadora. Se as respostas forem aceitáveis, a figura descerá o degrau abaixo.

Inicie o jogo anunciando o primeiro desafio e perguntando aos participantes o que fariam para evitar que o desafio aumente de proporção. Dê-lhes alguns minutos para conferir com seus colegas e, depois, pergunte-lhes as respostas. Este deve ser um jogo rápido e animado.

As respostas variarão e não precisam ser idênticas às respostas abaixo, mas você deve obter pelo menos uma resposta aceitável antes de descer a figura para o degrau abaixo. Continue até que os participantes tenham enfrentado todos os sete desafios.

Recompense os participantes com balas ou outras guloseimas.

A seguir, os desafios que correspondem a cada degrau e algumas possíveis respostas:

1. Você não sabe a resposta para a pergunta do cliente.

   Deixe que o cliente saiba que você não sabe a resposta. Pergunte ao seu gerente ou supervisor.

2. Você tem que negar o pedido do cliente.

   Peça desculpas, se for o caso, e diga ao cliente o que pode fazer. Explique suas razões para dizer não.

3. O seu computador está muito lento e o cliente está ficando impaciente.

   Diga ao cliente que seu computador está lento. Use frases de transição para evitar longos períodos de silêncio.

4. O cliente tem expectativas desmesuradas.

   Enfatize o que pode fazer pelo cliente.

5. O cliente está cético quanto ao que você está dizendo.

   Ofereça para lhe mostrar comprovações ou documentos. Peça ao gerente ou supervisor para confirmar o que você disse ao cliente.

6. O cliente está zangado sem nenhuma razão aparente.

   Fale com voz calma. Reconheça os sentimentos do cliente.

7. O cliente se recusa a dar todas as informações de que você precisa.

   Explique por que precisa das informações e, depois, peça ao cliente para reconsiderar a possibilidade de dá-las a você.

Se Tiver Mais Tempo

Faça o jogo novamente com desafios que preparou antecipadamente, baseando-se em situações que os participantes normalmente enfrentam.

Cartões Arrasa-Estresse

Em Poucas Palavras

Os participantes criam um instrumento de auxílio ao trabalho que podem utilizar para eliminar o estresse e manter seu equilíbrio, ao enfrentar clientes desafiadores ou situações desafiadoras de atendimento ao cliente. É adequado para todos os funcionários que trabalham em ambientes estressantes.

Tempo

De 5 a 10 minutos.

Do Que Você Vai Precisar

Vários cartões grandes em branco (um para cada participante, mais alguns sobrando) e um conjunto de canetas coloridas de desenho.

O Que Fazer

Promova um breve debate sobre as maneiras de superar o estresse que surge quando uma situação de atendimento ao cliente se torna desafiadora. Lembre aos participantes que técnicas simples e naturais, tais como visualização, respirar fundo e até mesmo sorrir, estão comprovadas como tendo um efeito calmante e reenergizante sobre pessoas estressadas.

Faça circular os cartões e peça aos participantes que escrevam suas próprias técnicas de combate ao estresse no cartão. Eles podem escrever o que desejarem e incluir três ou quatro técnicas de combate ao estresse no cartão. A seguir, algumas sugestões: a frase favorita, uma lembrança agradável, o nome de um ente querido, um mantra ou uma visualização, a piada preferida, a descrição de um desafio anterior com o qual o participante lidou bem.

Deixe que os participantes escolham algumas canetas coloridas para ilustrar seus Cartões Arrasa-Estresse como desejarem. Diga-lhes que mantenham os cartões em seus ambientes de trabalho para que fiquem sempre acessíveis, quando necessário.

9

Espere! Ainda Não Acabou

Técnicas para aumentar o valor da venda e fazer vendas cruzadas, a fim de obter a satisfação total do cliente

É Só Isso?

Em Poucas Palavras

Nesta atividade, os participantes pensam em maneiras criativas para descobrir necessidades adicionais e evitar a frase trivial: "É só isso?" É indicada para funcionários que administram interações demoradas ou complexas ou para aqueles que precisam fazer surgir pedidos de atendimento adicionais de clientes.

Tempo

De 5 a 10 minutos.

Do Que Você Vai Precisar

Folhas de papel em branco de "flip-chart" e canetas hidrocor. Uma folha de papel em branco por participante.

O Que Fazer

Enfatize que é sempre uma boa idéia perguntar aos clientes se você pode ajudá-los em mais alguma coisa, antes de fechar a interação. No entanto, a frase "É só isso?" é trivial e usada em excesso. Existem muitas outras maneiras de fazer surgirem oportunidades adicionais de atendimento.

Peça aos participantes que trabalhem em grupos de três ou quatro, a fim de pensarem em maneiras adicionais para fazer surgirem pedidos de atendimento. Dê a cada grupo uma folha em branco de "flip-chart" e uma caneta hidrocor e peça-lhes para anotar suas respostas.

Depois de cinco minutos, solicite a cada grupo para apresentar suas respostas.

Respostas

Aqui estão algumas frases possíveis de se utilizar:
- O que mais posso fazer por você hoje?
- Em que mais posso ser útil?
- O que mais pode estar procurando?
- A que se deve a sua ligação/visita de hoje?
- Há outras perguntas que posso responder?
- O que mais posso fazer para ajudá-lo?

Não é Uma Mera Fruta

Em Poucas Palavras

Neste jogo, os participantes aprendem a fazer vendas cruzadas e substitutivas, resumindo as características e os benefícios de "produtos", tais como uma banana. Ele é útil para todos que precisem descrever ou vender um produto ou prestar um serviço a um cliente.

Tempo

10 minutos.

Do Que Você Vai Precisar

Uma transparência ou um "flip-chart" com as informações da página 181. Folhas de papel em branco de "flip-chart" e canetas hidrocor.

O Que Fazer

Usando a transparência, discuta os conceitos de características e benefícios. Lembre aos participantes que os clientes compram benefícios, não características, e que enfatizar os benefícios é particularmente importante ao tentar fazer uma venda cruzada ou substitutiva.

Organize os participantes em grupos de três a cinco. Explique que sua tarefa é trabalharem juntos para elaborar uma lista de características e benefícios de alguns "produtos" comuns.

Designe um produto da lista a seguir para cada grupo.

- uma banana
- um alfinete de segurança

- um pirulito
- um gato
- uma rosa
- um biscoito de chocolate

Distribua uma folha de papel em branco de "flip-chart" e uma caneta a cada grupo. Peça aos participantes para relacionarem as características de seu produto e, depois, os benefícios correspondentes. Uma maneira de achar os benefícios é perguntar "E daí?". Por exemplo: "Nosso filtro solar tem fator de proteção 15." "E daí?" "E daí que você pode ficar no sol por mais tempo, sem se queimar."

Depois de quatro ou cinco minutos, peça a cada grupo para apresentar as características e benefícios de seu produto. Pergunte "E daí?" depois de cada característica, até o grupo concordar com o benefício atrativo que foi apresentado.

Se Tiver Mais Tempo

Faça com que cada grupo elabore uma lista de características e benefícios de um dos produtos da empresa. Depois que as apresentações tiverem sido feitas, digite as informações refcrentes às características e aos benefícios e distribua a lista para uso no trabalho.

Resumo

Uma **característica** é uma parte ou qualidade distintiva de um produto ou serviço.

"Nosso filtro solar tem fator de proteção 15". — BLOCK OUT — FPS 15

Um **benefício** é o valor da característica para o cliente.

"Isso quer dizer que você pode ficar exposto ao sol por mais tempo, sem se queimar."

Produtos Associados

Em Poucas Palavras

São designados aos participantes produtos para representar. Os participantes devem combinar-se uns com os outros para estabelecer o máximo de "associações" possível, com base nas características comuns entre os dois produtos. Este jogo reforça o pensamento criativo e a capacidade de estabelecer relações entre objetos diferentes. É ideal para funcionários que precisem fazer vendas cruzadas.

Tempo

De 10 a 15 minutos

Do Que Você Vai Precisar

Uma cópia da lista de produtos da página 186. Um chapéu, um saco ou uma cesta. Os participantes também precisarão de papel e canetas e podem querer uma prancheta ou outra superfície dura para escrever em cima.

O Que Fazer

Corte em pedaços uma cópia da lista de produtos da página 186, de forma a obter 16 tiras de papel, cada uma com o nome de um produto. Ponha essas tiras no chapéu ou na cesta.

Diga aos participantes que vão escolher um produto para representar e que, em seguida, circularão pela sala para conversar com outros participantes, a fim de tentar estabelecer associações com base nas características comuns entre os produtos. O objetivo é criar quantas associações forem possíveis num prazo determinado de tempo.

Por exemplo: alguém que vende laranjas pode ser capaz de criar uma associação com alguém que vende maçãs, porque ambos vendem frutas. A mesma pessoa pode criar uma associação com alguém que vende bolas porque os dois produtos são redondos.

Os participantes devem trabalhar uns com os outros para estabelecer relações entre os produtos, mas não devem levar mais do que um ou dois minutos com cada parceiro em potencial. Nenhum dos participantes será capaz de estabelecer associações com todos que conversar. A cada vez que estabelecerem uma associação, devem anotar o nome do produto de seu parceiro e a relação com seu produto numa folha de papel.

Uma vez explicado, peça-lhes para tirarem um produto do "chapéu" e inicie o jogo. Depois de dez minutos, pare-o e peça a voluntários que partilhem seus resultados.

Nota do Treinador: Incontáveis combinações são possíveis. A seguir, apenas algumas poucas:

1. Coisas que as pessoas usam no trabalho (telefone, livros, papel, computador, caixas de papelão, óculos).
2. Coisas que as pessoas gostam de ganhar de presente (flores, roupas, chocolates, fitas cassetes e CDs).
3. Coisas que as pessoas põem na mesa de centro da sala de estar (flores, livros).
4. Coisas que as pessoas usam para se comunicar (telefones, computadores, canetas, papel, instrumentos musicais).
5. Coisas que quase todo mundo possui (telefone, carro, livros, sapatos, televisão).
6. Coisas sobre as quais incide imposto (tudo).
7. Coisas que acabem (flores, carros).

Se Tiver Mais Tempo

Peça aos participantes que trabalhem em pequenos grupos, a fim de desenvolver "associações entre produtos" para seus produtos e serviços.

Recorte

Lista de Produtos

Você vende livros.	Você vende papel.
Você vende telefones.	Você vende sapatos.
Você vende computadores.	Você vende instrumentos musicais.
Você vende canetas e lápis.	Você vende caixas de papelão.
Você vende flores.	Você vende óculos.
Você vende chocolates.	Você vende móveis.
Você vende roupas.	Você vende carros.
Você vende material esportivo.	Você vende televisões.

E Por Falar Nisso...

Em Poucas Palavras

Os participantes aprendem quando e como aumentar o valor da venda ao falar com os clientes. Este jogo é indicado para funcionários que tenham a oportunidade de aumentar o valor do pedido através da utilização dessas técnicas.

Tempo

De 5 a 10 minutos.

Do Que Você Vai Precisar

Uma cópia do roteiro da página 189 para cada participante. Uma cópia da página 190 para cada quatro participantes. Um chapéu, uma caixa ou uma cesta.

O Que Fazer

Distribua e analise o roteiro da página 189. Diga aos participantes que vão trabalhar em duplas para praticar o aumento do valor de venda.

Recorte as cópias da página 190 para separar as situações e coloque os pedaços de papel em um chapéu, caixa ou cesta. Organize os participantes em duplas e faça com que cada dupla sorteie uma situação. Elas devem trabalhar juntas para elaborar uma frase que promova aumento do valor de venda. Por exemplo: imagine que a situação sorteada diga: "O cliente está pedindo uma grosa de lápis. Pergunte se o cliente está interessado em economizar R$0,05 por lápis, pedindo duas grosas." Nesse caso, a frase pode ser: "São 144 lápis por R$0,65 cada. Sabe, Hélio, posso baixar o preço em R$0,05 por lápis, se você encomendar duas grosas. Fica melhor para você assim?".

Dê aos participantes dois ou três minutos para elaborarem suas frases e, depois, cada dupla partilha a sua frase com a turma. Dê balas ou outros pequenos prêmios para cada dupla.

Se Tiver Mais Tempo

Peça que os participantes façam o exercício de novo; dessa vez, com situações envolvendo produtos de sua própria empresa, nos quais você pensou com antecedência.

Aumento do Valor de Venda

Roteiro

Quando você aumenta o valor de uma venda, aumenta o valor do pedido perguntando ao cliente se não deseja encomendar uma quantidade maior. Isso é típico em situações em que os clientes podem obter uma redução de preço ou outra vantagem, se comprarem uma quantidade maior. Ao aumentar o valor da venda, sempre inclua um benefício para o cliente (sublinhamos o benefício para mostrar o que queremos dizer). Aumentar o valor de venda funciona mais ou menos assim:

Sr. Souza, posso baixar o preço em R$ 2,48 *em cada unidade se aumentar o pedido em duas caixas. Isso é vantajoso para o senhor?*

João, temos uma oferta especial esta semana que ajudará a baixar o seu custo. *Posso dar 25% de desconto se encomendar pelo menos 100 unidades. Gostaria de aproveitar a oferta?*

Vi que você estava olhando as canecas com motivos de viagens. Sabe, se comprar US$45 em mercadorias hoje, ganha grátis *uma dessas canecas! Posso mostrar algumas canecas da nossa linha?*

Os passos para aumentar o valor de venda são os seguintes:

1. Explique como o cliente pode economizar dinheiro aumentando o pedido. Certifique-se de incluir um benefício para o cliente.
2. Peça ao cliente para encomendar uma quantidade maior.

Recorte

Aumento do Valor de Venda

Situação Um

Josué Fonseca comprou uma entrada de teatro para domingo à noite por R$30. Veja se Josué está interessado em comprar duas entradas e economizar R$5 em cada uma.

Situação Dois

Você trabalha numa loja de roupas. Um cliente está quase comprando dois pares de meia por R$4,99 o par. A loja, no momento, tem uma oferta especial de cinco pares por R$19,99. Veja se o cliente estaria interessado em aumentar o número de pares para economizar.

Situação Três

Você trabalha numa loja de informática e está respondendo a perguntas de Tiago sobre o computador mais barato. Parece que preço é um fator muito importante para ele, mas você sabe que um computador que custa R$300 a mais também inclui três programas que podem ser úteis. Esse "upgrade" faria José economizar R$650 em relação ao preço do computador mais barato, além dos programas. Veja se Tiago está interessado no pacote.

Situação Quatro

Você vende entradas de cinema. Um cliente assíduo está na fila. Você pode oferecer a ele um carnê de 10 entradas, que fará com que economize 10% sobre o custo das entradas individuais. Quando o cliente se aproximar, veja se estaria interessado em comprar o carnê de entradas.

Que Tal Fritas Para Acompanhar o Hambúrguer?

Em Poucas Palavras

Os participantes aprendem quando e como fazer uma venda cruzada, ao falar com os clientes. Este jogo é ideal para funcionários que têm oportunidade de aumentar o valor do pedido através do uso dessas técnicas.

Tempo

De 5 a 10 minutos.

Do Que Você Vai Precisar

Uma cópia do roteiro da página 193 para cada participante. Uma cópia da página 194 para cada grupo de oito participantes. Um chapéu, uma caixa ou uma cesta.

O Que Fazer

Distribua e analise o roteiro da página 193. Diga aos participantes que vão trabalhar em grupos de dois para exercitar a venda cruzada.

   Recorte as cópias da página 194, separando as situações, e coloque os pedaços de papel num chapéu, caixa ou cesta. Arrume os participantes em duplas e faça com que cada dupla sorteie uma situação. Os integrantes das duplas devem trabalhar juntos para elaborar uma frase que promova a venda cruzada. Por exemplo: suponha que a situação seja a seguinte: "O cliente encomendou uma cartola. Veja se o cliente também está interessado em comprar luvas ou uma bengala." Nesse caso, a fala poderia ser: "A propósito, Sr. Astaire, temos também luvas da mais alta qualidade e uma bengala muito elegante, que ficariam de arrasar com a sua cartola. Gostaria que eu falasse mais sobre elas para o senhor?"

Dê aos participantes dois ou três minutos para elaborarem suas falas; depois, faça com que cada grupo leia em voz alta o que escreveu.

Se Tiver Mais Tempo

Peça aos participantes que joguem de novo; dessa vez, com situações envolvendo produtos de sua própria empresa, imaginadas por você com antecedência.

Roteiro

Venda Cruzada

Quando você faz uma venda cruzada, aumenta o valor do pedido vendendo produtos complementares ao cliente. Ao fazer esse tipo de venda, deve sempre apontar um benefício para o cliente. Sublinhamos o benefício no exemplo abaixo para mostrar o que queremos dizer. Fazer uma venda cruzada é mais ou menos assim:

Sabe, Nair, muitos de nossos clientes que pedem o programa "Fazendo Cartazes" também gostam de obter o pacote *"clip-art" luxo, no valor de R$25.* O preço é excelente, fácil de utilizar *e traz 250 figuras que tornam seus cartazes realmente* atraentes. *Gostaria que eu mandasse o pacote "clip-art" junto com o "Fazendo Cartazes"?*

Confirmando: Vou mandar 144 fitas cassete XR-90, de noventa minutos. A propósito, estamos com um desconto especial de 15% *nas fitas XZ-60 de sessenta minutos. Você usa fitas de sessenta minutos?*

Essa camisa está maravilhosa no senhor, Sr. Bello. Deixe-me mostrar uma gravata, que ficará fantástica com ela. O melhor dessa gravata é que fica bem com essa camisa, mas também com uma azul ou branca. É muito versátil *e de* boa qualidade, *a um* preço bem em conta. *Gostaria de acrescentá-la ao seu guarda-roupa?*

Os passos para fazer uma venda cruzada são os seguintes:

1. Diga uma frase que faça uma ponte entre o produto que o cliente está levando e o produto com o qual você quer estabelecer um cruzamento de venda.
2. Descreva o produto com o qual quer estabelecer a venda cruzada e aponte seus benefícios.
3. Pergunte ao cliente se quer comprar.

Recorte

Venda Cruzada

Situação Um

Geraldo Monteiro comprou dois bilhetes para um cruzeiro de 15 dias pelas Ilhas Virgens. Você sabe que ele e a esposa gostam de mergulhar. Veja se não gostariam de fazer um passeio guiado de mergulho no parque submarino ao largo de St. John, um dos mais bonitos cenários submarinos do Caribe. Dura quatro horas, inclui uma cesta com almoço e custa R$300 por pessoa.

Situação Dois

A Sra. Bonogusto encomendou um risque-rabisque muito caro do catálogo exclusivo de acessórios de escritório da empresa. Veja se ela está interessada no porta-canetas e na bandeja de correspondências da mesma linha. O conjunto completo acabou de ganhar o concurso de "design" mais comentado de Milão de objetos para escritório, e somente 250 conjuntos estão disponíveis. O porta-canetas e a bandeja de correspondências custam R$1.200.

Situação Três

Jonas Justo acabou de contratar a sua empresa de serviços de jardinagem para aparar semanalmente a grama de sua casa. Você sabe que o gramado fica mais bonito e a manutenção menos dispendiosa com o passar do tempo se for aplicada, trimestralmente, a solução patenteada para evitar ervas daninhas. Esse serviço adicional aumenta o gasto mensal do cliente em R$30, mas garante economia de dinheiro e tempo na capinação e ressemeadura.

Situação Quatro

Mônica Arguta vem comprando material para fazer cortinas em sua loja. Não sente segurança para fazê-las ela mesma. Sua loja também presta serviços de costura e, embora a confecção vá custar R$500, só o preço do tecido é R$900 e poderia ser estragado facilmente por um erro de corte ou costura.

10
E a gente?

Jogos para melhorar o atendimento aos clientes internos

Você é Meu Cliente?

Em Poucas Palavras

Este jogo é útil para ajudar os participantes a reconhecerem quem são seus clientes internos. É simples, mas sempre serve para abrir os olhos dos que não estão familiarizados com o conceito de clientes internos. É para ser jogado individualmente; os participantes preenchem os roteiros sozinhos e depois partilham os resultados com o grupo. É ideal para funcionários, que lidam com outros departamentos, com o intuito de atender às necessidades dos clientes.

Tempo

De 15 a 20 minutos

Do Que Você Vai Precisar

Uma cópia do roteiro das páginas 201 e 202 para cada participante.

O Que Fazer

Diga aos participantes que todos estão familiarizados com seus clientes externos, mas que também têm clientes internos — pessoas que atendem dentro da empresa. As habilidades de atendimento ao cliente que aprenderam se aplicam da mesma forma a suas interações com esses clientes internos.

    Distribua os roteiros e examine o exemplo com o grupo todo. Em seguida, dê aos participantes dez minutos para preencher em seus próprios roteiros. No final da atividade, peça aos voluntários que partilhem suas descobertas com o grupo.

Dica! Ofereça um incentivo para que os participantes pensem no máximo de clientes internos que puderem, no tempo indicado.

Definição de Clientes Internos

Sara é recepcionista, então é óbvio que seus clientes externos incluem todos os que telefonam para a empresa e que entram pela porta da frente do prédio. Mas ela também tem clientes internos. Cada aspecto de seu trabalho é um "atendimento" que presta a um "cliente". Examinando as várias obrigações de seu trabalho, ela consegue definir seus clientes internos — nesse caso, todos na empresa.

Tarefa: *Atender ao telefone.*

Cliente: *Todos na empresa que recebem ligações externas.*

Tarefa: *Recolher e monitorar fichas de visitantes que entram na empresa.*

Cliente: *Meu chefe, Marcos, e o Departamento de Segurança.*

Tarefa: *Preocupar-se em pagar as entregas de almoço e avisar aos funcionários quando suas entregas chegam.*

Cliente: *Funcionários que pedem entrega de almoço, pessoas diferentes a cada dia.*

Roteiro

Agora, leve algum tempo pensando em quem são seus clientes internos. Lembre-se de que todos os aspectos de seu trabalho atendem, em última instância, algum "cliente".

Tarefa: _____

_____

Cliente: _____

Tarefa: _____

_____

Cliente: _____

Tarefa: _____

_____

Cliente: _____

Tarefa: _____

_____

Cliente: _____

Pegando o Touro a Unha

Em Poucas Palavras

Este é um jogo rápido e de ritmo acelerado que ajuda os participantes a examinarem e superar os obstáculos que enfrentam ao prestar um atendimento diferenciado a seus clientes internos. Também serve para reforçar a idéia de que a resolução de problemas pode sempre ser alcançada de forma simples e rápida — basta pegar o touro a unha. É ideal para todos que tendem a se sentir menos inspirados no atendimento ao cliente interno do que no atendimento ao cliente externo.

Tempo

10 minutos.

Do Que Você Vai Precisar

As informações da página 205 copiadas numa transparência ou num "flip-chart" e um relógio que mostre segundos. Os participantes precisarão de papel e caneta.

O Que Fazer

Cubra todas as perguntas, exceto a primeira, na transparência ou no "flip-chart". Você vai mostrando as perguntas uma de cada vez. Antes do jogo, peça aos participantes que se levantem, se alonguem e respirem fundo, a fim de se preparar para uma atividade mental rápida e dinâmica. Relembre a eles o conceito de cliente interno e diga-lhes que esse é o foco da atividade.

Diga-lhes que você vai mostrar várias perguntas ou frases, uma de cada vez. Eles devem ler as frases e, rapidamente, pensar em pelo menos uma resposta. Diga-lhes que o jogo se desenrola em ritmo acelerado e que terão somente alguns segundos para pensar numa resposta. A única regra é que eles têm de pensar em pelo menos uma resposta para cada pergunta. Cada pergunta seguinte relaciona-se com a resposta que deram à pergunta anterior.

Comece a atividade mostrando a primeira pergunta. Leia-a para a turma e dê-lhes o tempo indicado para as respostas.

1. Eu poderia atender melhor meus clientes internos se... (Espere 45 segundos)

2. Marque uma de suas respostas à pergunta anterior. (Espere 10 segundos)

3. Como pode realizar isso? (Espere 45 segundos)

4. Marque uma de suas respostas à pergunta anterior. (Espere 10 segundos)

5. O que você se propõe a fazer para ver isso se realizar? (Espere 60 segundos)

6. Quando você fará isso? (Espere 30 segundos)

7. Eu irei _____ no dia _____.
           (plano de ação)   (data)

   Assinado, _____. (Espere 15 segundos)
           (seu nome)

Peça aos participantes para lerem seus planos de ação em voz alta. Felicite-os por terem achado uma solução no tempo permitido.

Se Tiver Mais Tempo

Jogue uma segunda, ou até uma terceira, vez para elaborar mais planos de ação, visando a melhorar o atendimento ao cliente interno.

Resumo

1. Eu poderia atender melhor meus clientes internos se...
2. Marque uma de suas respostas à pergunta anterior.
3. Como pode realizar isso?
4. Marque uma de suas respostas à pergunta anterior.
5. O que você se propõe a fazer para ver isso se realizar?
6. Quando você fará isso?
7. Eu irei _____ no dia _____.
         (plano de ação)   (data)

   Assinado, _____.
              (seu nome)

Que Delícia de Consultores!

Em Poucas Palavras

Os participantes trabalham juntos para se ajudarem uns aos outros a ter idéias de como surpreender, impressionar e/ou agradar seus clientes internos. Eles se beneficiam com o pensamento criativo de seus colegas e com o tom fluente e mentalmente excitante do jogo. Este jogo funciona bem para participantes que têm que atender vários clientes internos.

Tempo

20 minutos (mais tempo, se houver mais de 12 participantes).

Do Que Você Vai Precisar

Cada participante precisará de papel, caneta e de uma superfície dura (como uma pasta ou prancheta) para escrever em cima. Um acessório opcional, mas divertido, para esta atividade é um sino ou uma campainha.

O Que Fazer

Arrume duas filas de cadeiras, uma de frente para a outra. As duas filas devem estar próximas o bastante para permitir a conversa, mas cada cadeira deve estar separada das outras por uma distância de cerca de 60 cm.

Comece o jogo pedindo a cada participante que escolha um cliente interno a quem gostaria de agradar. Depois de terem feito isso, chame metade da turma de "clientes" e a outra metade de "consultores" (eles vão trocar de papéis na segunda metade do jogo). Os clientes sentam-se numa fila de cadeiras e os consultores, na outra. Durante a atividade, os consultores permanecem sentados, mas os clientes se trocam para a cadeira ao lado a cada minuto (quando você tocar o sino ou lhes disser para trocar de lugar).

Cada cliente terá um minuto para pedir um conselho ao consultor sobre como agradar a seu cliente interno. Após um minuto, o cliente troca para a cadeira ao lado e pede conselhos para o próximo consultor. Depois de ter falado com todos os consultores, diga-lhes para trocar de papéis e repetir a atividade.

Os consultores devem ser encorajados a pensar livremente e dar quantas idéias — não importando o quão ousadas sejam — forem capazes a cada cliente. Esse jogo é para ser engraçado e dinâmico. O cliente deve aproveitar as idéias de cada consultor e depois decidir-se por uma maneira de agir que agrade ao cliente interno.

No final da atividade, peça a voluntários para partilharem seus planos de como agradar a seus clientes internos.

Rápido Como Um Raio

Em Poucas Palavras

Este jogo é um bom lembrete de que as habilidades de atendimento ao cliente podem e devem ser aplicadas a interações com clientes internos. É também adequado para todos que atendem clientes internos e um bom desdobramento para os participantes que jogaram "Recursos e Oportunidades", no Capítulo 1.

Tempo

De 15 a 20 minutos.

Do Que Você Vai Precisar

Treze cartões e uma caneta hidrocor preta. Antes da sessão, crie os cartões escrevendo uma habilidade em cada cartão.

- Amigável
- Eficiente
- Conhecedor do que faz
- Atento
- Empático
- Honesto e justo
- Orientado para encontrar soluções
- Rápido
- Ávido por agradar
- Otimista
- Criativamente útil
- Entusiasmado
- Diligente

Você pode querer ter balas ou outras guloseimas à mão para dar aos vencedores ou a todos os participantes.

O Que Fazer

Diga aos participantes que pensem atentamente em suas interações com clientes internos. Fale que lhes mostrará um cartão com um "recurso" do funcionário de atendimento ao cliente e eles terão que dar um exemplo de como podem implementar essa característica em seu trabalho com os clientes internos. Por exemplo, se você segurasse um cartão escrito "Centrado", alguém poderia dizer: "Quando Gabriel retorna a minha ligação sobre as listagens de tendências, posso me manter centrado e agradecer-lhe pelos 'ados."

Divida os participantes em equipes de duas ou três pessoas e peça a cada equipe para escolher um nome. Com o desenrolar do jogo, você pode ir marcando os resultados num quadro branco ou "flip-chart". A equipe que der uma resposta aceitável, em primeiro lugar, faz um ponto.

Mostre os cartões, um de cada vez, e certifique-se de que todas as equipes consigam lê-los. Inicie o jogo permitindo que a primeira equipe dê uma resposta correspondente ao primeiro cartão. Se, no entanto, uma equipe dominar abertamente o jogo, você pode fazer com que as equipes respondam aos cartões uma por vez.

Perguntas para Discussão

P: Por que é mais difícil aplicar essas habilidades no atendimento ao cliente interno?

P: É importante prestar um mesmo nível de atendimento a nossos clientes internos do que a nossos clientes externos?

Ter Lábia é Uma Dádiva

Em Poucas Palavras

Os participantes aprendem a deixar mensagens de correio de voz eficazes e profissionais ao transmitir informações a seus colegas de trabalho. Este jogo é ideal para todos que utilizam o correio de voz.

Tempo

De 15 a 20 minutos.

Do Que Você Vai Precisar

Uma transparência ou folha de "flip-chart" com as informações da página 204. Uma cópia do roteiro da página 215 para cada grupo de dois ou três participantes. Os participantes precisarão de papel e canetas.

O Que Fazer

Inicie a atividade debatendo brevemente a utilização do correio de voz. Diga aos participantes que vão aprender uma técnica para deixar mensagens de correio de voz concisas e eficazes ao transmitir informações para seus colegas de trabalho.

Analise o seguinte resumo:

D Diga "olá" (Cumprimente seu colega de trabalho.)

A Apresente-se (Identifique-se.)

D Determine a mensagem e a tarefa (Dê informações preliminares e diga o que quer que seu colega faça.)

I Informações (Dê as informações que seu colega precisa para realizar a tarefa.)

V Vacilação (Significa que o colega deve ligar de volta se vacilar quanto à resposta ou para obter mais informações; caso contrário, você vai supor que a tarefa foi realizada.)

A Adeus (Termine despedindo-se educadamente, qualquer que seja a mensagem.)

Agora, leia em voz alta a seguinte mensagem, duas vezes. Na primeira vez, o grupo deve somente escutar; na segunda, identificar cada elemento da DÁDIVA, conforme for aparecendo na mensagem. Incluímos as respostas para você.

Oi, Armando, (D) aqui é a Jéssica do atendimento ao cliente (A). Acabei de falar com uma cliente que está interessada em se tornar distribuidora de nossos produtos. Ela é dona de um haras em Goiânia e está pensando em levar alguns equipamentos e produtos para as pessoas que guardam os cavalos lá. Eu lhe disse que você telefonaria para dar informações de como nosso sistema de distribuidores funciona.(D) O nome dela é Jane Campo Grande e o telefone, 258-7569. Como já disse, ela mora em Goiânia e atende em horário comercial. (I) Se, por alguma razão, você não for a pessoa que trata desse tipo de coisa, ou se precisar de mais informações, ligue-me para o ramal 274. Caso contrário, vou supor que você trata desse assunto.(V) Obrigado, Armando (A).

Divida os participantes em grupos de dois ou três e dê a cada grupo uma cópia do roteiro. A tarefa deles é trabalhar com seu grupo para reescrever a mensagem truncada do roteiro, utilizando a técnica da DÁDIVA. Deixe a transparência visível.

Depois de 10 minutos, peça para ouvir algumas mensagens reescritas. Mantenha em mente que as respostas variarão, mas que todas devem seguir o modelo da DÁDIVA.

Explique aos participantes que nem todas as mensagens devem se encaixar nesse modelo (por exemplo: em algumas situações, vacilar é indesculpável, e nem todas as mensagens envolvem uma "tarefa"), mas que é uma boa técnica para a maioria das comunicações via correio de voz.

Dica! Transforme a DÁDIVA em um instrumento de auxílio ao trabalho, fazendo uma cópia do resumo da página 204 para que os participantes mantenham perto do telefone.

Se Tiver Mais Tempo

Faça com que os participantes criem suas próprias mensagens de correio de voz, com base em alguma informação que precisem transmitir a um colega de trabalho.

Resumo

Deixando Uma Mensagem de Correio de Voz

D Diga "olá" (Cumprimente seu colega de trabalho.)

A Apresente-se (Identifique-se.)

D Determine a mensagem e a tarefa (Dê informações preliminares e diga o que quer que seu colega faça.)

I Informações (Dê as informações que seu colega precisa para realizar a tarefa.)

V Vacilação (Significa que o colega deve ligar de volta se vacilar quanto à resposta ou para obter mais informações; caso contrário, você vai supor que a tarefa foi realizada.)

A Adeus (Termine despedindo-se educadamente, qualquer que seja a mensagem.)

Roteiro

Reescreva a seguinte mensagem de correio de voz, utilizando a técnica da DÁDIVA.

1. Oi, Ronaldo. Estou numa situação difícil e não sei direito como sair dela. Acho que, provavelmente, você é a pessoa indicada para tratar disso, mas talvez não seja. De qualquer forma, um cara me ligou dizendo que é professor e quer dar uma olhada em nossos livros para talvez aplicá-los em seus cursos. Não sei o que ele ensina, porém, sei que é da Universidade Federal de Santa Catarina. Ele já utilizou algumas de nossas publicações antes como livro-texto de seus cursos e disse que quer um exemplar de distribuição de *Promessa Brasileira*, *Terra de Todas as Oportunidades* e *Majestade das Montanhas*. Três livros. Ele disse que não deseja encomendar os livros, mas quer, eu acho, pagar se ficar com eles. Você pode ligar para ele? Anotei o número, é 278-9056, em Florianópolis. Ah, o nome dele é David Novoliv. E esse é o telefone comercial.

2. Joaquim, oi. Queria saber se pode me fornecer alguns folhetos novos de dois produtos: o Vitória e o Chuva Silenciosa. Acho que os meus acabaram e, como falo sempre sobre esses modelos para os clientes, gostaria de ter alguns folhetos à mão. Talvez você possa me mandar por "e-mail". A propósito, aqui é Érico, do atendimento ao cliente. Se você puder fazer isso, ligue para me avisar. Meu ramal é 3274.

3. Elisa, aqui é Daniel. Estava esperando pela Alice na recepção, hoje, na hora do almoço quando uma mulher entrou e me deu um talão de cheques que havia encontrado no estacionamento. Não há número de telefone no cheque, mas pertence a Aída Navegantes, e o endereço é Rua das Flores 2.357. Pensei que talvez fosse uma das suas clientes. Não tenho acesso a nosso cadastro de clientes, então a Alice sugeriu que eu lhe ligasse para ver

se não quer fazer uma busca do nome dessa mulher, ver se ela esteve aqui e deixou cair o talão de cheques. Caso contrário, vou ligar para o banco. Você pode avisar o mais rápido possível se pode ligar para ela? Se você não me ligar até as 3h da tarde, telefonarei ao banco, pedindo se podem avisá-la. Estou na minha sala agora. Você pode ligar para o meu ramal, 475. Obrigado.

Sobre as Autoras

Peggy Carlaw é fundadora e presidente da Impact Learning Systems International (ILSI), uma empresa de treinamento e consultoria, sediada na Califórnia.

Vasudha Kathlenn Deming trabalha na ILSI como elaboradora de cursos e consultora de treinamento, especialista em vendas, atendimento ao cliente e suporte técnico.

Para obter mais informações sobre a Impact Learning International ou nossos cursos de treinamento, queira acessar nosso site www.impactlearning.com, ou ligar para 800-545-9003.

Entre em sintonia com o mundo

QualityPhone:
0800-0263311
Ligação gratuita

Rua Teixeira Júnior, 441
São Cristóvão
20921-400 – Rio de Janeiro – RJ
Tel.: (21) 3860-8422
Fax: (21) 3860-8424

www.qualitymark.com.br
E-mail: quality@qualitymark.com.br

DADOS TÉCNICOS

FORMATO: 16 X 23

MANCHA: 11 x 18

CORPO: 11,5

ENTRELINHA: 13,5

FONTE: UNIVERS

TOTAL DE PÁGINAS: 228

3ª REIMPRESSÃO: 2012

GRÁFICA: VOZES